ユニバーサル・ミュージアムへのいざない

思考と実践のフィールドから

広瀬浩二郎

［協力］ユニバーサル・ミュージアム研究会

三元社

❖目次

はじめに——「ユニバーサル・ミュージアム」な仲間たちへ

「あなたのフィールドはどこですか」。僕が勤務する国立民族学博物館（民博《みんぱく》）では、初対面の人に向かって、こんな質問がよく投げかけられる。フィールドには専門分野という意味もあるが、民博で使われる「フィールド」とは主に調査国・地域を指すことが多い。民博の研究部には五〇名ほどのスタッフが所属しており、各人各様のフィールドワークを行なっている。研究領域は多彩だが、共通しているのは実際に現地に足を運び、現場に身を置いて調査を進める点だろう。フィールドワークの対語はデスクワークである。僕を含め、民博の研究者は研究室の机で本を読み、論文を執筆する時間もあるが、常にフィールドに出ることを好み、現場からの視点にこだわる人が大半を占めている。

僕が民博に着任し、あっという間に二〇年余が経過した。そんな自分に、あらためて問いかけてみる。「僕のフィールドはどこですか」。もともと、僕は日本の歴史・宗教を研究しており、今でも盲目の芸能者である琵琶法師・瞽女《ごぜ》に関する調査を続けている。また、日本宗教の海外伝道に興味を持ち、米国に進出した教団の施設を訪ね歩いていた時期もある。全盲である僕のフィールドワークでは、視覚情報を得るのが難しい。これはフィールドワーカーにとってマイナスであるのは確かだが、逆に視覚に頼らない独創的な調査方法を模索するチャンスが与えられたともいえる。

現代社会は視覚情報に支配されている。そんな中で聴覚や触覚を駆使して、悩みながらフィールドワークに取り組む全盲の研究者の体験は、きわめてユニークだろう。視覚優位の近代文明のあり方を問い直すような仕事をしたい。研究者としてまだまだ未熟であることを自覚する一方で、僕は「視覚障害」そのものが自らのフィールドになるのではないかと考えるようになった。視覚障害とは、健常者（マジョリティ）にとって異文化である。異文化（外側）と自文化（内側）はつながっている。人は異文化との出合いを介して、自文化をより深く知ることができる。「目の見えない・目に見えない」世界と健常者をつなげること、非視覚・脱視覚という文化の魅力を発信すること。この二つが、視覚障害の当事者で、研究者でもある僕の役割なのかもしれない。

博物館に内側からアプローチする経験を通じて、僕は「視覚障害」をフィールドとしてとらえるようになる。民博に就職する二〇〇一年まで、僕は博物館に関心がなく、足を運ぶ機会も少なかった。学芸員資格も取得していない。古今東西、博物館とは視覚障害者にとって縁遠い場所である。博物館は「見る／見せる」ことを前提に成立・発展してきた。文字どおり目の見えない・見えにくい視覚障害者は、博物館の「見学」が困難なのである。

（なお、本書では美術館・科学館などのミュージアム全般を総称する語として、「博物館」を用いる）。

偶然、博物館で働き始めた僕は、大げさに言うなら「見る／見せる」近代文明の常識と真正面から向き合うことになった。「博物館を視覚障害者にも楽しめる場にしていけるはずだ」「博物館に視覚障害者の発想を導入することによって、従来の展示の方法・概念を改変できるに違いない」。視覚に頼らずにフィールドワークを続けてきた僕にはこんな予感があった。ぼんやりした予感を確信に変えるために、僕は博物館活動にのめりこんでいくことになる。

これまでに僕は国内外で多数の博物館を訪ね、全身の感覚をフル活用し、さまざまな展示を体感してきた。そういったフィールドワークに基づいて練り上げられたのが、「ユニバーサル・ミュージアム」（誰もが楽しめる博物館）という理念である。二〇〇九年には科学研究費補助金を獲得し、多くの同志に呼びかけて「ユニバーサル・ミュージアム研究会」を組織した。研究会はユニバーサル・ミュージアムの普及をめざす緩やかなネットワークとして機能し、現在でも共同研究が継続中である。

本書第一部では、博物館をフィールドとする僕自身が積み重ねてきた「思考と実践」の軌跡を辿る。第二部では、視覚障害という特殊な立場から、視覚の相対化、触覚（触角）の復権を訴える普遍的な議論を導き出そうとする僕の論考を集めた。第二部では、ユニバーサル・ミュージアムを多角的に理解するために、あえて博物館の現場から少し離れて、「視覚偏重」という観点で日常的な話題を取り上げている。

第三部は、ユニバーサル・ミュージアム研究会のメンバーによる多種多様な実践事例集である。メンバー各自が博物館というフィールドに身を置き、視覚障害者が楽しめる展示やイベントを企画・運営する工夫について、現状と課題を紹介している。いうまでもなく、「視覚障害」は「ユニバーサル」（誰もが楽しめる）を具現するための出発点である。僕たちの最終ゴールは、博物館における視覚中心主義を脱却し、そこから「近代」を乗り越える新文明の可能性を提示することだといえる。二〇世紀後半以降、経済効率と生産性を重んじる近代化の矛盾、閉塞が各方面で指摘されるようになった。文化人類学の研究機関である民博でも、「近代」の桎梏を逃れ、人と人、人と自然が共生するための「思考と実践」が蓄積されている。

本書の主題であるユニバーサル・ミュージアム論も、広い意味で近代批判の系譜に属するといえよう。「近代＝視覚の特権化」という認識の下、「近代文明の申し子＝視覚の殿堂」である博物館をフィールドとして、多文化共生のモデルを創出する。これがユニバーサル・ミュージアム研究の眼目だろう。本書が博物館関係者のみならず、多くの読者にユニバーサル・ミュージアムの意義を伝える入門書になればと願っている。

民博着任後、僕は「ユニバーサル・ミュージアム」をテーマとする単著・編著を複数刊行してきた。そんな中で、本書の特徴は以下の二点である。

①本書は、僕自身が「博物館×視覚障害」のフィールドワークに二〇年携わってきて、「ユニバーサル・ミュージアム＝近代の超克」というビジョンが明確となった段階での著

作といえる。とくにコロナ禍の中、二〇二一年に特別展「ユニバーサル・ミュージアム――さわる！〝触〟の大博覧会」を実施した後、新たなフィールドワークに踏み出すための土台となるのが本書である。

②既刊の拙著では、僕個人の「思考と実践」の深化を記録することを重視してきた。研究会メンバーによる現場レポートを収録する本書では、ユニバーサル・ミュージアムの拡大と展開を実感していただけるだろう。今後は「ユニバーサル・ミュージアム学」の確立に向けて共同研究を積み上げていくが、本書は「学」としての成熟を標榜する僕たちのフィールドワークの起点と位置付けることができる。

本書の各章は、二〇二一年～二〇二三年に僕が発表した論文、エッセーなどに書き下ろしを加えて再構成している。第3部9章は、『点字毎日』（視覚障害者向けの週刊新聞）に連載された「『ユニバーサル・ミュージアム』な仲間たち」の記事（二四回分）をまとめたものである。「『ユニバーサル・ミュージアム』な仲間たち」とはやや不自然な日本語表現だが、「ユニバーサル・ミュージアム」は物事のとらえ方、一つの思想なのではないかと僕は考えている。本書を通じてユニバーサル・ミュージアムに触れる読者が、各々のフィールドでこの思想を活かしてくれれば嬉しい。

本書の編集を担当したのは、三元社の山野麻里子さんである。既発表の文章を集める著作の場合、どうしてもつぎはぎ感が出てしまう。また、各論考に対する著者の思い入れが強ければ強いほど、全体的な論旨の統一性・整合性を欠く仕上がりとなるケースも多い。

本書編集に当たっては、まず章立てについて、山野さんと徹底的に議論した。手前味噌ではあるが、山野さんのアドバイスのおかげで、本書各章の配列、流れはスムーズになったと感じている。ユニバーサル・ミュージアム研究の深まりと広がりをわかりやすく伝え、「思考と実践」のフィールドへと読者をいざなう本を完成させる同志となってくださった山野さんに、この場を借りて感謝したい。そう、山野さんも「ユニバーサル・ミュージアム」な仲間たちの一人なのである！

さて、最後に読者のみなさんに問いかけよう。「あなたのフィールドはどこですか」。本書を片手に、読者各位がそれぞれの生活現場で「思考と実践」を繰り返す。これまでとは少し異なる視点、「ユニバーサル」の発想で日々の仕事、学業に取り組んでもらえれば幸いである。思考と実践の往還により、ユニバーサル・ミュージアムがたくさんの仲間を巻き込んで成長することを期待しつつ。

僕は「世界とつながる」、そして僕たちは「世界をつなげる」！

二〇二三年八月　　広瀬浩二郎

社会が変わる

第1部

博物館を変える、

1 「ユニバーサル・ミュージアム」の探究

ユニバーサル・ミュージアムとは「誰もが楽しめる博物館・美術館」を意味する和製英語です。僕は二〇〇一年に国立民族学博物館（民博）に着任し、以来二〇年、ユニバーサル・ミュージアムの実践的研究に取り組んでいます。本稿では、全盲の視覚障害者である僕自身が担当した四つの展覧会を事例として、「誰もが楽しめる」の具体的な要件を考えてみましょう。

◉「感覚の多様性」を取り戻す

僕が最初に実施したのは企画展「さわる文字、さわる世界――触文化が創りだすユニバーサル・ミュージアム」（二〇〇六年）（**図1**）である。本展では、京都と東京の盲学校に所蔵されている一九世紀の視覚障害教育関連の資料を収集した。本展を準備するに当たって、僕が狙いとしたのは以下の二点である。①これまで博物館に来る機会がなかった（少なかった）視覚障害者にとって、気軽に訪れることができる展覧会にしたい。②一般の来館者がほとんど知らない初期盲教育（特殊教育）の資料を実際に手に取って、先人たちの苦労と工夫に直に接してもらいたい。

企画展では、ルイ・ブライユの六点点字が日本に導入される以前に使われていた木刻文字・瓦文字・蝋盤文字など、さまざまな素材と手法を用いた凹凸文字を紹介した。一方、文字関係の資料のみでは専門的になるので、神社模型・仏像・バードカービングなど、さわって楽しめる立体作品も多数展示したのが本展の特徴だった。

1 企画展「さわる文字、さわる世界——触文化が創りだすユニバーサル・ミュージアム」リーフレット
国立民族学博物館、2006年

展覧会の計画を進める過程で、僕の考えは少しずつ変化した。先述したように、当初は障害者対応の充実、啓発という思いが強かった。そもそも、博物館とは視覚優位の近代を象徴する文化施設である。古今東西、博物館とは「見学」する場所とされてきた。そんな博物館に、見ることができない・できにくい視覚障害者がやってくれば、従来の展示の常識を変えていけるだろう。

それでは、目の見える来館者にとって「さわる文字、さわる世界」展はどのような意味を持つのか。現代人は視覚依存・視覚偏重の生活を送っている。その中で視覚以外の感覚、とくに触覚の役割を忘れてしまう傾向にある。他の感覚にはない触覚の最大の特徴は、全身に分布していることだといえる。手が不自由な人も、身体の他の部分で物・者に触れることができる。触覚を意識することは身体性の回復・開拓につながる。人間は空気・世界と触れ合うことで生きているので、触覚は人類にとってユニバーサル（普遍的）な感覚ともいえるだろう。

企画展の開幕直後から、僕は「健常者にこそ、展示物に積極的に触れてほしい」と呼びかけるようになった。「視覚障害者が楽しめる」を出発点とし、僕の発想は「視覚以外の感覚を活用する」、さらには「視覚中心の近代社会のあり方を問い直す」方向へと進化・深化した。マイノリティの文化・歴史に着目すれば、マジョリティが見忘れ、見落としてきた「感覚の多様性」を取り戻すことができる。本展で得た手応えが、その後の僕の研究を支える原動力となったのは間違いない。

◉異文化間コミュニケーションを促進する

次に僕が担当したのは「点字の考案者ルイ・ブライユ生誕２００年記念　…点天展…」（二〇〇九年）**（図２）**

である。本展では点字の成立・発展史を振り返るとともに、一九二〇年代から継続する『点字毎日』（点字の週刊新聞）、日本ライトハウス（視覚障害者の総合福祉施設）関連の資料を集めた。僕自身、点字ユーザーであり、ブライユには人一倍感謝している。点字のおかげで、僕は大学に進学し、博物館で仕事を続けることができているのは確かである。そんな個人的な熱い思いをベースとしつつ、本展を立案する際に僕が重視したのは「健常者にとって点字の意義とは何か」ということだった。ブライユ二〇〇年祭は、単に視覚障害者のみの記念イベントで終わらせてしまうべきものではない。僕は、健常者に点字の理念を普及するチャンスとして本展を位置付けることにした。

　本展のキーワードとして僕が使用したのが〝点字力〟である。この語には「少ない材料から多くを生み出す

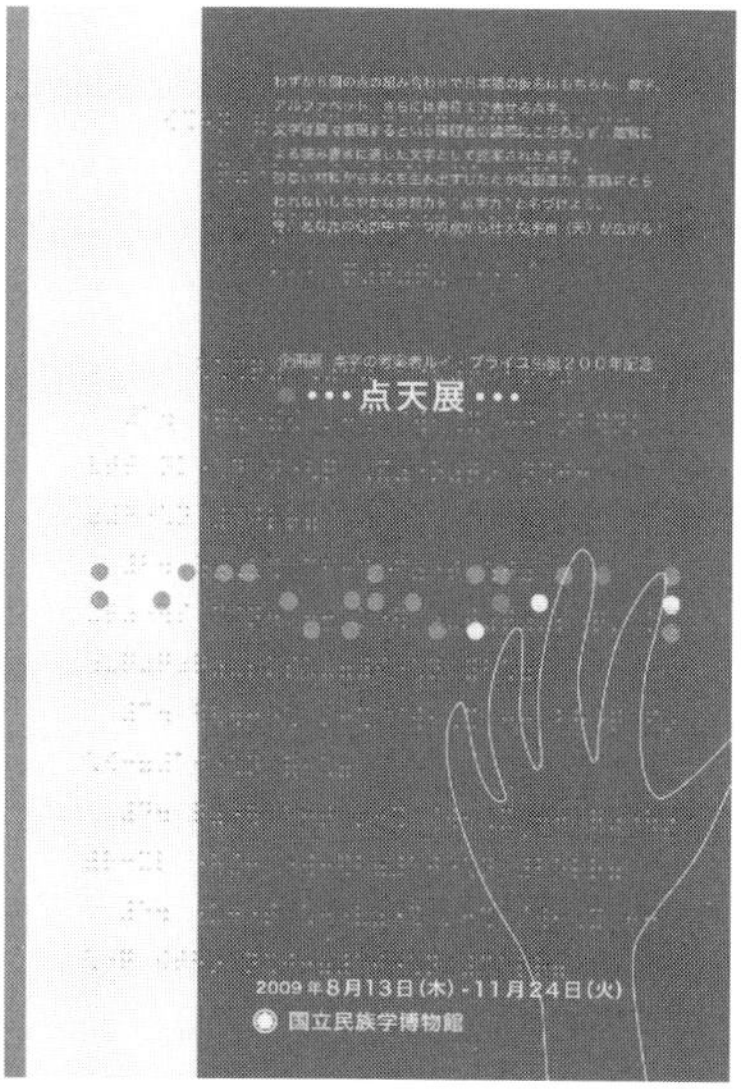

2　企画展「点字の考案者ルイ・ブライユ生誕200年記念　…点天展…」リーフレット

国立民族学博物館、2009年

したたかな創造力」「常識にとらわれないしなやかな発想力」という二つのニュアンスが込められている。点字は、わずか六つの点の組み合わせで多様な文字、記号を書き表すことができる。また、文字は線で示すという健常者の固定観念を打破し、点で文字を表現する「別の行き方（生き方）」を提案したのがブライユによる点字考案の歴史的意義といえる。〝点字力〟の概念を拡大・応用し、本展では「点字アート」というカテゴリーを立てて、さわることができる継手作品、石創画（絵画のレリーフ）なども紹介した。

本展を通して僕が強調したのは、点字は単なる視覚障害者のための文字ではなく、「触文化《しょく》」のシンボルだということである。文化とは人間が創り、使い、伝えてきた事物の総体といえる。多くの場合、「創・使・伝」は手を介してなされる。博物館でモノにさわるとは、いわば「創・使・伝」を追体験する行為なのである。触文化は目が見える・見えないに関係なく、万人に開かれている。視覚を使わない代わりに、触覚情報を入手・利用する術に長けているのが視覚障害者である。視覚に依拠する健常者、触覚に依拠する視覚障害者。両者の異文化間コミュニケーションを促進するのが博物館だろう。ブライユ展の成功により、視覚障害の当事者である僕が「博物館＝視覚の殿堂」で働く意味が明確となった。

◉価値観・世界観を改変する

ブライユ展の終了直後、僕は有志とともに「ユニバーサル・ミュージアム研究会」を立ち上げ、全国の博物館で講演会やワークショップを行うようになる。現在、本研究会のメーリングリストには学芸員・大学教員・アーティストなど、一二〇名余が登録している。研究会活動がきっかけとなり、二〇一〇年以降、各地の博物館から展示監修、助言を求められるケースが増えた。僕が手がけた他館の企画展で印象に残っているのが、兵庫県立美術館の「つなぐ×つつむ×つかむ――無視覚流鑑賞の極意」（二〇一六年）（図3）である。本展は「健常者にとって、さわるとはどのような効果をもたらすのか」という根本的な問いに答えることを主題として計画された。

さわるといっても、健常者と視覚障害者では方法が異なる。僕は両者の触察《しょくさつ》法の違いを「確認型」「探索型」の語で区別している。健常者は便利な視覚により情報を把握した後、触覚で確認する。どうしても視覚が主で触覚が従という図式になってしまう。他方、視覚障害者は視覚的なイメージがないまま、触覚で得た情報を点から線、面へと広げていく。手と頭を能動的に働かせて全体像を創り上げていくプロセスは、「探索型」と称することができる。より多く、より速く情報をとらえることができる視覚は近代化のトレンドに合致し、生活

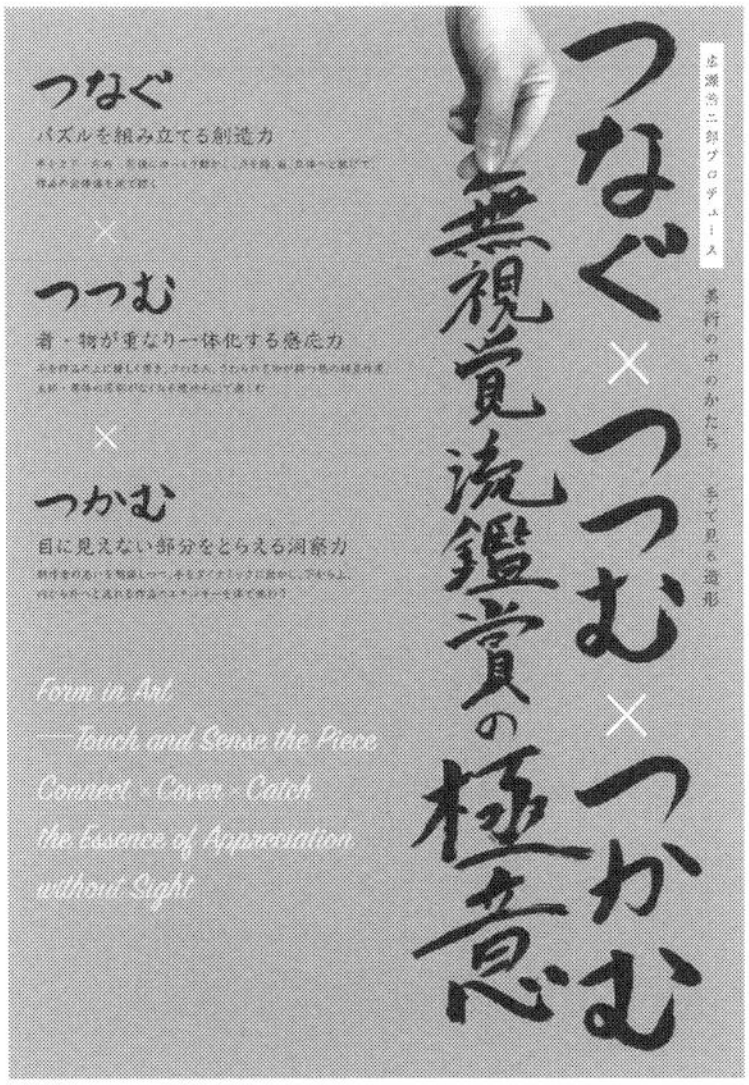

3 「つなぐ×つつむ×つかむ――無視覚流鑑賞の極意」リーフレット
兵庫県立美術館、2016年

のあらゆる場面で重んじられるようになった。近代社会では「可視化＝見えないものを見えるようにすること」が進歩として礼賛されてきた。

これに対し、探索型の触察では得られる情報が少なく、伝達スピードも視覚に比べ劣っている。しかし、各方面で近代化の矛盾・閉塞が指摘される今だからこそ、「より少なく、よりゆっくり」という発想が必要なのではなかろうか。「つなぐ×つつむ×つかむ」展は、健常者に探索型の触察を体験してもらうために企画されたユニークな展示である。来場者は会場入口でアイマスクを着け、目隠し状態で入場する。会場内の壁際にロープが張られており、来場者はロープを頼りに前へ進む。ロープが切れた所にブロンズ製の彫刻作品が置かれているので、じっくり触察する。展示されている作品は三点で、具象から抽象へと変化していく。

各作品には音声ガイドが用意されている。このガイドは、僕が作品を触察しながら、「さわり所」を解説する実況中継である。通常の音声ガイドは、目の前に作品があることを前提として作られる。一方、本展の音声ガイドでは作品を見ないことを前提とし、触覚情報に特化した解説を試みた。「つなぐ・つつむ・つかむ」の三つの動詞は、来場者個々が「なぜさわるのか」「どうさわるのか」を自問自答するための手がかり・手解きということができる。

本展では最後まで作品を見せないことにこだわった。来場者は三点の作品鑑賞を終えた後、出口に進み、会場を出てから目隠しを外す。本展の目的は、視覚障害者の美術鑑賞の疑似体験ではない。これまでの美術鑑賞は、視覚中心に行われてきた。本展では、あえて視覚を使わない「無視覚流鑑賞」を美術作品に接する新しい作法・技法として提案した。

本展を通じて、僕がめざす「ユニバーサル」の真意をはっきり自覚できたのは大きな成果といえる。マジョリティが保持してきた価値観・世界観にどうやって、どこまでマイノリティを包含できるのかを検討するのが「インクルーシブ」である。同様に、既存の価値観・世界観からマイノリティが排除・疎外されないために、具体的な方策を提示するのが「アクセシブル」だろう。これに対し、マジョリティの価値観・世界観そのものを改変し、新たな普遍性を築くのが「ユニバーサル」である。「つなぐ×つつむ×つかむ」展は、「ユニバーサル」を指向するささやかな挑戦だったといえよう。

◉日本発の新概念

僕の二〇年間の研究の集大成ともいえるのが特別展「ユニバーサル・ミュージアム――さわる！〝触〟の大

4　特別展「ユニバーサル・ミュージアム――さわる！“触”の大博覧会」リーフレット
国立民族学博物館、2021年

博覧会」（二〇二一年）（図4）である。六〇名以上の出展者が参加し、不特定多数の来館者がさわることを想定して制作された二八〇点の作品が会場に並んだ。本展は、生活全般で非接触が求められるコロナ禍の真っ只中で開催されることになった。本展のスローガンは「非接触社会から触発は生まれない」である。人間は触れ合うことによってコミュニケーションを図り、文化を育んできた。コロナ禍は、人間がさわることの本義を再認識するための契機である。そんな信念の下、館内外の関係者の支援を得て、三か月の会期を無事に終了できたのは、文字どおり「禍を転じて福と為す」だった。

関連イベントの中止・延期など、マイナスも多かったが、逆にコロナ禍が「〝触〟の大博覧会」の意義を際立たせたのも確かである。感染対策（消毒・換気・マスク着用）を徹底すれば、大規模な「さわる展示」も安全に実施できる。この事実を証明できた点において、本展に関わったすべての人々に感謝したい。

来館者がしっかり展示物にさわった結果として、本展では汚損・破損が頻発した。作品・資料の保存に配慮しつつ、「さわる展示」を遂行するためには、「さわるマナー」の定着が不可欠である。各展示物の背後には、それを創り、使い、伝えてきた人がいる。まさに、物は者に通じているのである。目に見えない「人」をイメージし、優しく丁寧にモノに触れる。そんな想像力を鍛える「さわるマナー」の普及が今後の課題である。

日本の前近代社会では、琵琶法師・瞽女《ごぜ》・イタコ（盲巫女《もうみこ》）など、盲目の宗教・芸能者が活躍していた。彼らは聴覚・触覚を武器に独自の文化を創造し、手から手へ、口から耳へと受け継いできた。鍼灸・按摩の手技療法、琵琶法師による『平家物語』の伝承は盲人文化の代表である。二一世紀の日本にあって、僕が触覚を起点としてユニバーサルな展示を構想することは、じつは前近代の盲人文化の現代化といえるのかもしれない。琵琶法師・瞽女・イタコは、視覚障害者の当事者のみによる師弟継承で組織を維持してきた。視覚障害者の職業選択が多様化した今日の日本では、盲人文化の継承者はいない。

僕は盲人文化ではなく、触文化を標榜することで、ユニバーサル・ミュージアム実現への道を模索している。日本発のユニバーサル・ミュージアムは、欧米的な「ソーシャル・インクルージョン」とは一線を画する共生の可能性を提示できるのではないか。かつて琵琶法師や瞽女が音と声で健常者を魅了したように、イタコが目に見えない霊界と現世の媒介者となったように、ユニバーサル・ミュージアムには「健常／障害」という近代的な二項対立の人間観を乗り越える力が内包されていると確信する。

二一世紀の博物館において、来館者としてさまざまな障害者を受け入れる取り組みは進んでいる。これからは運営・企画側のスタッフ、働く仲間として、博物館が障害者の存在を認めることが肝要だろう。障害者が役割とやりがいを持って就労できる場として、博物館が成熟することを願っている。僕自身は今後も「from the blind」のスタンスに立脚し、触文化に関する実験的な展示を積み重ねていきたい。当事者性を共有できる健常者の同志、いわば「目の見える視覚障害者」をどこまで増やしていけるのかによって、ユニバーサル・ミュージアムの成否は決まる。博物館を舞台とする「触発」の連鎖はまだ始まったばかりである。そして近い将来、日本の触文化に刺激されて、聴覚障害者版・知的障害者版など、多彩なユニバーサル・ミュージアムが世界各国で生まれることも期待しよう。

2 「ユニバーサル」を具現する触文化

二〇二二年七月、日本昔話学会大会（於関西外国語大学）で、基調講演を担当しました。演題は「ラフカディオ・ハーン『耳なし芳一』再読」。本稿は、講演内容を元に、新たに書き下ろしたものです。

◉「見せずに魅せる」講演とは

学問とは「学び・問う」ことです。高校までの勉強では、「知らないことを知る」学びに力点が置かれていました。一方、大学では「ほんとうはどうなのだろう」と問い続けることが重要となります。これまでの学問によってわかったことが記述されているのが教科書です。大学では教科書に書かれていないこと、すなわち既存の学問ではまだわかっていない事実を探究する姿勢が求められます。

本日の僕の講演は「学問」というほど深い内容ではありませんが、コロナ禍の中で考えてきたことをお話ししましょう。二〇二一年九月～一一月、国立民族学博物館（民博）の特別展「ユニバーサル・ミュージアム――さわる！〝触〟の大博覧会」を担当しました。すでに終了した展覧会なので、詳細な展示解説をしても、みなさんに〝触〟を味わっていただくことはできません。映像や画像で展覧会の記録を残すことはできますが、展示物の手触り、感触はデジタル化できない。オンライン、リモートでは伝達しにくい〝触〟の多様な可能性を提示するのが特別展の狙いといえます。本日は特別展に至るまでの経緯とともに、〝触〟の未来、今後の僕自身の目標をご紹介しましょう。

ここ数年、コロナ禍のため、オンライン講義・授業を頼まれるケースが増えています。これまで、僕は対面でしか伝わらない雰囲気を大事にし、映像・画像を用いず、「聴かせる」講演スタイルにこだわってきました。しかし、オンラインで「じっと僕の顔を見つめて、話を聴いてください！」と宣言できるほど、顔にも講演内容にも自信がありません。そこで、最近はパワーポイントを使って、簡単なスライドを見てもらいながら、講演や授業を進める場合も時々あります。

といっても、見やすいスライドを作るためには見常者（視覚に依拠して生活する人）のサポートが不可欠ですし、パワーポイントの操作も自力では難しい。また、何といっても自分が見えないのに、「こちらのスライドをご覧ください」と言うのには抵抗がある。オンライン講義は、人の褌で相撲を取っているような感じです。今日は、配布した紙のレジュメの項目に即して、ひたすら喋ります。「見せずに魅せる」講演をめざしますので、注目、いや注耳ください。

◉コロナ禍で「触れ合い」の意義を再認識する

コロナ禍の副産物というべきか、二〇二〇年〜二〇二二年の三年間で僕は三冊の著書を刊行することができました。『それでも僕たちは「濃厚接触」を続ける！――世界の感触を取り戻すために』（小さ子社、二〇二〇年一〇月）は、コロナに直面する視覚障害者としての体験、感染拡大のマイナスをプラスに転じる思考の軌跡をまとめた書籍です。『音にさわる――はるなつあきふゆをたのしむ「手」』（絵・日比野尚子、偕成社、二〇二一年一〇月）では、絵本という形で人類学・日本史学の研究者としてのメッセージを発信しました。

そして、最新刊の『世界はさわらないとわからない――「ユニバーサル・ミュージアム」とは何か』（平凡社新書、二〇二二年七月）では、「さわる文明」を先導する「ユニバーサル・ミュージアム学」の確立を訴えています。本日の講演で取り上げる「なぜ人類は新型コロナウイルスを過度に恐れるのか」「あの世（生物）とこの世（人間）はつながっている」「障害／健常の垣根を取っ払う」の三項目は、じつはそれぞれの拙著の内容に対応するわけです。

新型コロナウイルスの登場以降、各方面で「非接触」が強調されています。二〇二〇年、日本で感染者が出始めた当初は「物にさわるだけで感染してしまう」、「接触＝悪」という論調が社会全体を支配しました。感染拡大防止の観点で「三密」を避けなければならないのは事実ですが、マスコミが非科学的な迷信、コロナへの過度の恐怖感を助長した面もあったと思います。

僕は医学・生物学の研究者ではないので、「接触＝悪」の迷信を科学的に論破することはできません。そこで、日常生活において物・者との「接触」がもっとも必要である視覚障害者の立場から、新型コロナウイルスに対する過剰反応に警鐘を鳴らすことにしました。「ほんとうに、人類は物・者との接触（触れ合い）なしで生きていけるのですか」。そんな根源的な問いかけが、拙著『それでも僕たちは「濃厚接触」を続ける！』の主題といえるでしょう。

人類にとっての「緊急事態」とはコロナウイルスの蔓延そのものではなく、そこから生じた「拒触症」なのではないかと僕は考えています。「さわらない時代、さわれない人々、さわらせない教育」が今も続いていますが、この「拒触症」が人類全体にどんな作用をもたらすのか、とくに子どもの成長に与える負の影響が気がかりです。

視覚障害者である僕は点字の触読をはじめ、物にさわることによって、さまざまな情報を得ています。出張などの際は鉄道の駅員、空港職員に度々誘導を依頼している。見常者の肘や肩に触れてガイドしてもらうので、これも濃厚接触です。視覚障害者にとって「さわるな」とは、「行動するな」というのと同じでしょう。ちょっと大げさな表現かもしれないけれど、「拒触症」は視覚障害者にとって死活問題です。戦時中に障害者は「非国民」とみなされ、肩身の狭い思いを強いられるわけですが、それと同様に自分の存在が脅かされる危うさ・怪しさを実感しました。

このままではマイノリティである触常者（触覚に依拠して生活する人）は忘却、さらには抹殺されてしまう。そんな恐怖を肌で感じた僕は、ウェブでコラムを連載することにしたのです。もともと特別展「ユニバーサル・ミュージアム」は二〇二〇年の秋に開催予定でした。三月末の段階で展示準備は大詰めを迎えていましたが、四月の館内の会議で一年延期が決定します。オリンピック・パラリンピックの延期が決まり、全国の博物館も休館を余儀なくされていましたから、秋に大規模な特別展、しかも〝触〟がテーマの展示を実施するのは不可能でしょう。

それは頭では理解できますが、自らのライフワークの集大成と位置付ける特別展を二〇二〇年の秋に開くと決意し、全精力を傾けてきたわけです。その目標が一年先に延期となり、虚脱感・無気力感に囚われます。しばらくは何もする気が起きませんでした。延期といっても、一年先に特別展が開催できる保証はありません。在宅勤務でじっくり自分と向き合い、あらためて僕は「なぜ今、さわらなければならないのか」「コロナ禍の中で、どうさわればいいのか」を真剣に考えるようになりました。その試行錯誤の過程を記録したのがウェブ連載「それでも僕たちは『濃厚接触』を続ける！」です。当初は「それでも僕は」としていたのですが、拒触症の克服は視覚障害者のみならず、人類共通の課題であることを明示するために、「僕たち」に変更しました。

ウェブ連載は初めての経験でしたが、反響が大きかった。タイミングがよかったのでしょう。これまでに僕は一〇冊以上の単著・編著を出版していますが、客観的にみて、無名の研究者ですし、著作に対する注目度も低い（これは本人が言うのだから、間違いありません）。ところが、ウェブ連載はいわゆる五大紙はもちろん、多くのメディアで紹介されました。「非接触が叫ばれる社会状況にあって、接触の大切さをアピールする全盲者がいる」。マスコミ各社は僕の存在、主張を借りて、非接触を強要する社会に異議申し立てをしているのではないかと感じました。ウェブ連載の反響の大きさを通じて、非接触社会に疑問と不満を持つ人が潜在的にたくさんいることを知り、僕は勇気と元気を得ます。書くという行為を媒介として、コロナショックから立ち直ることができたのです。

コロナ禍が「さわる展示」の意義を際立たせた。これは痩せ我慢でも強がりでもなく、僕の本音です。ウェブ連載を続ける中で、ごく自然に「非接触社会から触発は生まれない」という言葉が僕の内面から湧き出してきました。この言葉を二〇二一年の特別展のスローガンとすることで、僕は新たな一歩を踏み出します。コロナ禍がなければ、特別展の来場者数はもっと伸びただろうという悔しさがあるのは確かです。一方で、コロナと付き合う苦労と工夫を積み重ねることで、特別展の内容が深化したのも間違いありません。コロナ禍の渦中で特別展を開催してよかったとまでは言いませんが、二〇二一年に大規模な「さわる展示」を企画・運営することになったのは僕の運命なのでしょう。この場を借りて、館内外の関係者、出展者のご協力に対し、お礼申し上げます。

◉触角で「目に見えない世界」を感じる

次に、コロナ禍の中で人類学・日本史学の研究者である僕が何を考え、どんな活動をしてきたのかについてお話ししましょう。僕の研究を貫く大テーマは、「近代的な二項対立の価値観・人間観からの脱却」です。なぜ、人類は新型コロナウイルスを過度に恐れるのか。この問いに対する僕の答えはシンプルです。「それは、コロナウイルスが目に見えないから」。見えるもの・見えないものの関係は、近代化の過程で激変します。その変化を端的に示しているのがラフカディオ・ハーン（小泉八雲）の「耳なし芳一の話」です。

「耳なし芳一の話」が収録されている『怪談』は、近代日本が日清戦争から日露戦争に向かう帝国主義の時代の真っ只中で発表されました。近代化とは「目に見えないものを見えるようにすること」と定義できます。見えないものを見えるようにすること、すなわち可視化が人類の進歩として礼賛されるのが近代です。「このまま日本は帝国主義の道を突き進んでいいのでしょうか」「本来の日本人は、目に見えぬものを大事にする文化を持っていたのではないですか」。これが百年前の日本人に対するハーンからの問いかけでした。この問いは二一世紀の今、コロナ禍により再びクローズアップされたと僕は感じています。

視覚優位の近代社会では、目に見えない神・霊の地位が低下する。西洋医学の導入により、江戸時代以来、視覚障害者たちが担ってきた按摩・鍼灸も軽視され始めます。「耳なし芳一の話」に登場する怨霊などは、前近代の迷信として切り捨てられるものの代表でしょう。ところが、お盆行事などからもわかるように、日本の民間信仰、民俗宗教ではあの世とこの世はつながっている。「草葉の陰」という語が物語るように、死者の霊は目に見えないけれど、確実に生者の傍にいて、この世を見守っています。目に見えない物・者を感じることができる豊かな信仰世界が日本文化の大きな特徴といえるでしょう。そして、この「見えないものを感じる」ための先達となったのが琵琶法師・イタコ（盲巫女）などの宗教・芸能者であったことも重要です。

「耳なし芳一の話」では芳一を真ん中にして、目に見える世界（和尚・文字）と、目に見えない世界（怨霊・声）が綱引きをします。芳一はあの世とこの世、目に見える世界と目に見えない世界を自由に往還する能力を持っていました。その能力を封印してしまったのが般若心経の経文（文字）です。芳一を目に見える世界、マジョリティの側に引き留めようとする和尚たちの「親切」により、芳一の耳が引きちぎられてしまう悲劇が発生します。般若心経（文字）は、あの世とこの世を無理やりに隔てるバリアともいえそうです。

ところで、「耳なし芳一の話」は、単純な悲劇ではありません。目の見えない芳一が耳まで失ってしまう。耳を引きちぎられる場面が強烈なので、「耳なし芳一＝悲劇の主人公」という印象をお持ちの方が少なくないでしょう。「耳なし芳一の話」の最後で、芳一は耳を引きちぎられたことで有名となり、琵琶の名手として活躍したと書かれています。この結末がハッピーエンドといえるかどうかはさておき、芳一が耳を失うことをきっかけに、琵琶法師としてワンランク上のレベルに到達したのは間違いないでしょう。

では、なぜ耳を失った芳一は芸能者として成長できたのか。芳一の変化を考察するキーワードが「触角」です。目の見えない芳一は、音・声をとらえる感覚器である耳を人一倍重視していました。彼にとって耳は「目に見えない世界」と交信する回路の起点ともいえます。耳そのものが引きちぎられても、聴力は残るはずです。しかし、音の聞こえ方、受け取り方は変わるでしょう。耳へのこだわりを捨てた芳一は、全身で音をとらえる極意に達した。これが僕の仮説です。

視覚は目、聴覚は耳、嗅覚は鼻、味覚は口に限定されます。それらに比して、触覚の最大の利点は全身に分布することです。風や温度を肌で感じるのも触覚ですし、第六感（霊感）も触覚の延長といえるかもしれません。かつて、人間は昆虫と同じような触角（センサー）を持っていたのではないかと僕は考えています。江戸時代以前、暗い夜道を歩く際、家で夜なべ仕事をする際、僕たちのご先祖様は全身の触角を駆使していたのではないでしょうか。明治以降の視覚依存の生活習慣は、僕たちの触角の力を奪ってしまいました。芳一の成長の要因は、触角の復権として解釈できる。この試論・私論、はたまた史論は我田引水の側面もありますが、みなさんの琴線に触れることができれば幸いです。

スマホの汎用化に象徴されるように、視覚偏重の現代人は、目に見えない物・者との付き合い方を忘れています。それゆえ、目に見えない新型コロナウイルスの感染拡大に右往左往し、過剰・過敏に反応してしまうのです。今一度、触角の復権という観点で「耳なし芳一の話」を読み直すことによって、コロナ禍への向き合い方を学べるのではないでしょうか。

そんな思いを込めて出版したのが拙著『音にさわる――はるなつあきふゆをたのしむ「手」』（点字つきさわる絵本）です。昨今、各地の図書館などで子ども向けの読み聞かせイベントが盛んに行われています。読み聞かせに対し、拙著で提案するのが「触れ聞かせ」です。「読み聞かせ」という言葉では、多くの場合「読む」のも「聞かせる」のも主体は大人でしょう。他方、触れ聞かせでは触れるのは読者（老若男女）、聞かせるのは絵本に描かれる動植物（触図イラスト）です。絵本にさわることで、目に見えない音声を想像・創造する（あたかもイラストから音声が聞こえてくるかのように）。物と者の双方向コミュニケーションを通じて、子どもと大人、読み手と聞き手の垣根を取っ払い、誰もが触角で能動的に読書を楽しむ。これが拙著の最終ゴールといえます。

拙著の趣旨に呼応して、特別展「ユニバーサル・ミュージアム」でも、「音にさわる」というセクションを設置しました。博物館は視覚の殿堂、視覚優位の近代化のプロセスの中で成立・発展してきた文化施設です。特別展では触角を取り戻すために多様な展示物を集めました。とくに「音にさわる」セクションでは、打楽器の波動を皮膚感覚で味わうなど、「音は耳だけで聴くものではない」実体験を多くの来館者が共有できたと思います。

視覚による鑑賞では、見る者と見られる物の間に、物理的な距離があるのが当たり前です。一方、触覚（触角）による鑑賞では者と物がつながります。たとえば、みなさんの目の前にある机に手を置いてみてください。じっと物に触れていると、どこまでが自分（鑑賞者）で、どこからが展示物なのか、境界が曖昧になります。

優劣・強弱、さらにはあの世とこの世、障害と健常など、近代社会は二項対立の価値観・人間観によって成り立ってきました。しかし、芳一が教えてくれたように、万物はそう簡単に二分できるものではありません。ユニバーサル・ミュージアムは脱近代の新たな社会、文明を築くための壮大な実験場です。その実験の手段・手法として、身体性と能動性に根差す触角鑑賞の場を創出するのが特別展の狙いでした。やはり、コロナ禍と特別展は切っても切れない縁でつながっているわけです。

◉「ユニバーサル・ミュージアム学」の発展のために

最後に、最新刊の拙著『世界はさわらないとわからない』の話をします。本書の副題は『「ユニバーサル・ミュージアム」とは何か」です。近年、博物館関係者の間では「ユニバーサル・ミュージアム」という語がずいぶん知られるようになったと感じています。でも、一般社会への波及はまだまだ、これからでしょう。

僕は、「触文化」(さわらなければわからないこと、さわって知る事物の特質)を理論化する実践的研究に取り組んでいます。前項で述べたように、触覚(触角)は全身に分布しており、万人が持っている原初的な感覚です。二〇二一年の特別展を終えて、僕は触文化が「ユニバーサル＝誰もが楽しめる」を具現する必須条件であることを確信しました。

それでは、次なる課題は何なのか。新著で僕は初めて「ユニバーサル・ミュージアム学」を提唱しました。従来は「ユニバーサル・ミュージアム論」「ユニバーサル・ミュージアム研究」という言葉を使っていましたが、そろそろ「学」を名乗ってもいい段階なのではないかと考えています。「学」であるためには、相互批判と再現性が不可欠でしょう。

特別展「ユニバーサル・ミュージアム」の会期は三か月で、最終的な来館者数は二万七千人でした。来館者アンケートは約三〇〇通ほど残されています。ありがたいことに、アンケートの九九パーセントは好意的な感想です。「コロナ禍の中で、あえて〝触〟にフォーカスする特別展をやってくれてありがとう」「さわることのおもしろさ、奥深さが体感できた」というコメントが大半でした。「こんな時にさわることを奨励する展示を行うなんてけしからん」というクレーム、お叱りは二通のみです。来館者の評価が高いことは素直に嬉しいし、館内外にユニバーサル・ミュージアムの意義を宣揚できた達成感もあります。

一方で、建設的な批判がない所に進歩はありません。コロナという特殊事情がなければ、特別展に対する客観的な批評がマスコミ等でももっと出たのではないか。そう思うと、贅沢かもしれませんが、少し残念な気もします。ユニバーサル・ミュージアム学の根幹となるのは、「目に見えない世界」の探究です。僕は触文化の第二の定義として、「目に見えない世界を身体で探る手法」を用いています。視覚障害者としての僕の実体験が、触文化理念の土台になっているのは確かです。しかし、個人的な体験は批判しにくく、学としての成熟は望めない。私論を試論、史論へと練り上げていく不断の努力が肝要でしょう。その意味で、琵琶法師など、前近代の盲目の宗教・芸能者の歴史を解明し、彼らの触角活用術を現代社会に再現・応用することが僕のライフワークなのだと自覚しています。

ユニバーサル・ミュージアム学の成果は展示という形で表現されることが多い。特別展「ユニバーサル・ミュージアム」を各地に巡回する計画も少しずつ進んでいます。民博の特別展では良きにつけ悪しきにつけ、全盲者の僕が広告塔になっていました。目で見るだけではわからないことがある。つまり、「触覚＝非視覚」の多様な可能性をアピールする上で、視覚障害者の発言は説得力があるわけです。大阪を離れる巡回展では、徐々に広瀬色が薄らいでいくでしょう。そして、長かったコロナ禍も収束から終息に向かうはずです。巡回展を通して、ユニバーサル・ミュージアムが単なる障害者対応、弱者支援ではないことが明らかになる。さらに、「さわる展示」に対する建設的な批判が積み上げられていくことに期待します。

「Nothing about us, without us」（私たちのことを私たち抜きで決めないで）。これは、国連の障害者権利条約の議論などで主流となっている考え方です。日本の障害関係の懇談会、有識者会議にも当事者が参加し、積極的に意見を述べるケースが珍しくなくなりました。当事者主権の原則は重要ですし、堅持していかなければならないでしょう。ただし、この原則を突き詰めていくと、「私たちのことは私たちにしかわからない」「私たちのことにあなたたちが関わってはいけない」というドグマ（教条主義）に陥る危険があることも指摘しなければなりません。

ユニバーサル・ミュージアムは万人に開かれています。いうまでもなく、視覚障害者の僕が企画する「さわる展示」が唯一絶対ではありません。特別展でも見常者の同僚、デザイナーのアドバイスでプラン変更、バージョンアップを重ねて開幕を迎えました。これまでは見常者が立案する「さわる展示」に対し、僕を含め、視覚障害者が改善を求める事例が多かったと思います。今後はお客さんではなく、企画・運営側に立つ障害当事者が増えてほしい。ユニバーサル・ミュージアムの巡回展が各地の博物館スタッフ、障害当事者の意識を変えていく契機になればと願っています。

当事者主権について考える際に、僕が想起するのは「碧い眼の太郎冠者《かじゃ》」とも称されるドナルド・キーンさんです。キーンさんをはじめ、海外の日本研究者には、日本人以上に日本を知り、日本を愛した方がたくさんおられます。最近では、日本文学のロバート・キャンベルさんなどが有名でしょうか。外国人研究者の独創的な日本文化論から、しばしば僕たちは触発されてきました。

日本研究は日本人だけのものではない。同じように、触文化は視覚障害者の得意分野ですが、専有物ではありません。ユニバーサル・ミュージアム学を推進していくに当たって、どうやって、どれだけ見常者を巻き込んでいけるのか。当事者性を共有することで、「障害／健常」の二項対立を超克できるでしょう。日本語としては不自然ですが、「目の見える視覚障害者」を育成することが、ユニバーサル・ミュージアム学の発展につながると信じています。

巡回展はやりがいのある大仕事です。とはいえ、一朝一夕に実現できるものではありません。この一五年ほど、僕は「さわる体験型ワークショップ」を各地で実施してきました。ユニバーサル・ミュージアムの感触を比較的容易に伝える手立て・手引き・手解きとしてワークショップは有効であり、小回りが利くのも魅力です。コロナ禍のため、思うように外出できない日々が続き、二〇二〇年〜二〇二一年はワークショップの依頼も減りました。二〇二二年に入り、少しずつワークショップが開催できるようになり、対面でしか伝えられない〝触〟の醍醐味を再認識しています。

二〇二二年からワークショップのタイトルとして掲げているのが「風土記」です。八世紀初頭、律令制国家が成立・発展する過程で、各地域の歴史・神話などが「風土記」にまとめられました。地名の由来、特産物、古老の伝承などが具体的に記録されている「風土記」は、文字どおり「風」と「土」の報告集といえるでしょう。風とは「その場に行かなければ感じられないこと」、土とは「目で見るだけではわからないこと」と僕は定義しています。

和辻哲郎の『風土』などを参照しつつ、これまで僕なりに風土について考察してきました。ただ、僕の理解は不十分かつ浅薄で、「風＝目に見えないもの」「土＝目に見えるもの」と機械的に分けてきたような気がします。風と土が融合して、その地域独自の風土が生成されるのは確かですが、元来、風と土が分かちがたくつながっていることに僕は思い至っていませんでした。「目に見えないもの」へのシンパシーが強すぎて、僕自身が二項対立の常識に囚われていたということなのでしょう。

コロナ禍、特別展を経て、僕の風土論は確実に前進しました。風は世界中どこでも吹いていますが、その場に身を置かなければ風の感触（温かさ・優しさ）はわかりません。土の色は一目瞭然ですが、その重さ・温度・密度などは視覚でとらえることができないでしょう。各地の風土が感じられるように、さわる体験型ワークショップを引き続き全国展開していきたいと思います。巡回展でも、民博の特別展の展示物のみでなく、その地ならではの風土の要素を加味していくつもりです。

拙著では、二〇世紀的な見る文明を乗り越えた先に、脱近代のさわる文明があると力説しています。二一世紀の新たな文明像を描く手がかりとなるのが、令和版の「風土記」なのです。オンライン、リモートでは実感できない風土の記録。それを蓄積・発信できるのが博物館でしょう。さあ、ここから新たな普遍性（文明）を築くユニバーサル・ミュージアムの挑戦が始まります！

3 なぜさわるのか、どうさわるのか

現在、各大学の博物館学の授業、学芸員養成課程の教科書で「ユニバーサル・ミュージアム」が取り上げられるケースが増えています。本稿は、黒澤浩編著『博物館教育論』（講談社、二〇二三年）に掲載されたコラム（原題「深化し続けるユニバーサル・ミュージアム――国立民族学博物館の特別展を終えて」）に加筆したものです。

ユニバーサル・ミュージアム（誰もが楽しめる博物館）とは何か。この問いに対する答えは十人十色、さまざまだろう。二〇二一年九月～一一月に開催された国立民族学博物館の特別展「ユニバーサル・ミュージアム――さわる！〝触〟の大博覧会」は、「誰もが楽しめる」ことの真意を来館者に問いかける貴重な機会となった。

以下では、この特別展の特徴を整理し、ユニバーサル・ミュージアムに関する試論を提示したい。

近年、各地で多様な「さわる展示」が試みられている。展示を「見学」できない視覚障害者への対応が、ユニバーサル・ミュージアムを構想する際の重要な切り口となるのは確かである。博物館にとって縁遠い存在だった視覚障害者を引き付ける手段として、「さわる展示」が有効なのは間違いない。では、「さわる展示」を訪れる健常者（見常者＝視覚に依拠して生活する人）の反応はどうだろうか。少なからぬ子どもが「さわる＝遊ぶ＝壊してもいい」という勢いで、乱暴に資料・作品を取り扱う場面によく出合う。これに対し、積極的にさわろうとせず、見るだけで通り過ぎていくのが大多数の大人である。

博物館と来館者が「さわるマナー」（なぜさわるのか、どうさわるのか）を共有しなければ、「さわる展示」の普及は期待できない。コロナ禍により、ハンズオンコーナー、体感型の展示は軒並み休止された。感染拡大予防という観点で、休止はやむを得ない措置である。しかし、無抵抗のままに休止を受け入れた事実は、「なぜさわるのか」「どうさわるのか」という根本的な問いに、ほとんどの博物館関係者が即答できない現状を露呈したともいえるだろう。

ユニバーサル・ミュージアムを具体化するコンセプトとして、「無視覚流鑑賞の気づき」「触角鑑賞の築き」の二つを挙げることができる。気づきとは開拓、築きとは創造を指す。第一の「無視覚流」は、視覚に頼らない鑑賞である。導入部を含め、七つのセクションを持つ特別展において、五つのセクションは照明を落とす「暗い展示」とした。「暗い展示」では視覚を制限することによって、否応なく「触学・触楽」へ向かう環境を創出できる。

展示物があることはぼんやり見えるが、その詳細を知るためには、手を伸ばして確かめなければならない。

まずは、博物館とは「見る／見せる」文化施設であるという常識をひっくり返すことをめざした。多彩な展示物に触れる体験を通じて、来館者は「さわらなければわからないこと」「見るだけでは気づかないこと」があるのだと理解・納得できる。「なぜさわるのか」については、見ないからこそ得られる各人各様の「発見」があったことが来館者アンケートに記されている。

一方、「どうさわるのか」についてはまだ道半ばという印象である。特別展では汚損・破損事故が頻発した。汚損・破損は来館者が展示物にしっかりさわった証拠ではあるが、壊れることを前提としていては「さわる展示」の進化・深化は望めない。展示物の背後にいる者（人）、モノを創り、使い、伝えてきた「目に見えない手」をどれだけ意識できるのかが「さわるマナー」の要諦である。優しく丁寧に物・者に触れるトレーニングは、博物館と学校が連携し、教育プログラムとして練り上げていくことが必要だろう。

次に、ユニバーサル・ミュージアムを実現する第二の方法「触角鑑賞の築き」について説明しよう。「さわる」と聞くと、手を思い浮かべる人が多いのではなかろうか。しかし、他の四つの感覚と異なり、触覚は身体各所に分布している。皮膚で感知する温度や湿度、足裏がとらえる地面の凹凸も触覚情報の一部である。特別展では「風景にさわる」「音にさわる」などのセクションを設置し、全身の感覚を総動員して展示物の豊かな感触を味わうことを奨励した。視覚以外の感覚で楽しめる資料・作品を集めたことにより、結果的に特別展は視覚障害者のみならず、聴覚障害者・肢体不自由者・知的障害者などにも博物館の魅力と可能性をアピールできたと感じている。

博物館は視覚優位の近代の申し子として成立・発展した。国内外の博物館で「見る／見せる」ノウハウが蓄積されている。とはいえ、人類が視覚に過度に依存するようになるのは近代以降、たかだか二百年ほどのことである。長い人類史を俯瞰すると、動物と同様に人間も、全身の感覚を駆使して生きてきたことがわかる。特別展では、身体に眠る潜在能力を呼び覚ますことを意図して、「触角」という語を多用した。人類は体中の触角を伸ばして世界と触れ合っていた。近代以後、視覚に頼るようになった人類は触角の役割を忘却してしまう。このように考えると、脱近代を指向するユニバーサル・ミュージアムが、「さわる展示」にこだわる理由が明確となるだろう。

特別展の最後のセクションは通常の照明の下、「見てわかること、さわってわかること」と名づけた。視覚も触覚も広義では触角の構成要素だという理念に基づき、「見る」と「さわる」の相乗効果を促すセクションである。これまで、ユニバーサル・ミュージアム研究の現場では、見常者に対し、「触常者」（触覚に依拠して生活する人）という呼称が用いられてきた。触常者の代表が視覚障害者である。ただし、「触常者＝視覚障害者」ではない。特別展の成功を経て、触常者の新たな定義が生まれた。触常者とは触角に依拠して生活する人、触角の復権を担う実践者である。特別展「ユニバーサル・ミュージアム」は二〇二三年以降、全国巡回を予定している。各地で接触と触発の連鎖を巻き起こし、「目の見える触常者」を増やしていければと願う。

4　ユニバーサル・ミュージアム学を成り立たせるもの

二〇二二年九月、飯嶋秀治氏（九州大学人間環境学研究院教授）との共著論文「視覚障害と信仰世界——触常者の行き方」が『宗教研究』九六巻二号（三～二八頁）に掲載されました。本論文は、飯嶋氏が「触常者」をキーワードとして、僕の研究内容を論評したものです。論文の締め括りとして、僕へのインタビューが収録されています。このインタビュー記録に大幅に加筆したのが本稿です。僕が考える「ユニバーサル・ミュージアム学」の要件、とくに宗教研究とのつながりについて述べています。

飯嶋：「視覚障害と信仰世界」という論題で、広瀬さんの研究活動を分析してきました。まずは広瀬さんの率直な感想をお聞きしたいですし、私の解釈に行きすぎや物足りない部分があれば補ってください。

広瀬：基本的に僕の著作では、自分の体験をベースとしつつ、そこからどうやって普遍的な議論ができるのかを模索しています。そもそも、何をもって「学術的」というのかは曖昧ですが、いい意味でも悪い意味でも僕の著作はアカデミックな論文のスタイルとは異なります。今回、飯嶋さんが僕の著作を読み込んで、客観的な立場で論文にまとめてくれたのはありがたいし、自分ではできない作業なので感謝しています。

飯嶋さんが二〇一七年の『目に見えない世界を歩く――「全盲」のフィールドワーク』（平凡社新書）を重視してくれましたが、まさに我が意を得たりという感じです。大学院時代に手がけた宗教的なものの研究と、現在取り組んでいる「さわる展示」、ユニバーサル・ミュージアムは一見かけ離れています。でも、「目に見えない世界」をキーワードにすると、この二つの研究分野がつながります。視覚障害の当事者、あるいは研究者としての僕の歩みが、手探りから手応えへ変化する部分を飯嶋さんに読み取ってもらえたのは嬉しいです。

僕の研究の原点は盲人史、琵琶法師・瞽女《ごぜ》・イタコの実地調査です。さわる展示を開発・実践する原動力も、盲人史研究に発していると思います。大学院で修士論文を提出後、意識的に盲人史から離れてみようと考えました。学部・修士課程での研究で九州の盲僧、東北のイタコについて、一通りの調査ができました。まだ二十代でしたし、博士課程では別のテーマに取り組んでみようと決めたわけです。

一人前の日本史・日本文化の研究者としてやっていくためには、盲人史だけでは不十分ではないか。視覚障害の当事者だから、盲人史を研究していると思われるのも残念です。自分の研究に普遍性を持たせるためにも、宗教や信仰世界を俯瞰できる広い視野を獲得したい。イタコの研究から神憑り現象に興味を持ち、各地の新宗教教団を訪ねるようになりました。新宗教を研究する際も、常に盲人史との比較が念頭にあり、各教団の教義における障害観に着目していました。そんな中で、出口王仁三郎《でぐちおにさぶろう》の思想に出合います。彼が提唱する「人類愛善」という理念を福祉の観点でとらえ直したのが僕の博士論文です。

飯嶋：学部・院生時代の調査に関連するエピソードがあれば披露してください。

広瀬：僕は卒業論文で熊野信仰を取り上げました。熊野が世界遺産登録される前、一九九〇年～一九九一年ごろに熊野に通っていました。全盲なので、熊野古道を一人で歩いてみるという調査はなかなかできません。今はずいぶん厚かましくなっているので、整備された古道をふらふら放浪してみるのも悪くないかなとも思いますが、当時はまだ気弱な青年だったのですね。鉄道利用、宿泊サービスなどを振り返ってみても、社会全体の「障害」に対する意識は発展途上だったのかなと感じます。

なんとかして、目が見えない自分の立場で熊野を能動的・身体的に理解する手立てはないものか。いろいろ考えた末に思い付いたのが本宮の旧社地、大斎原《おおゆのはら》に一人でじっと座ってみることでした。しかも、明かりのない夜に。これなら全盲者でも問題なくできますし、見常者はあまりやろうとしないことでしょう。明治期の洪水で社殿が流され、本宮大社は現在地に移転しますが、中世・近世には大斎原に雑多な参詣者が集まっていました。

その大斎原に宿の方に連れていってもらい、夜の九時から一一時くらいまでの二時間ほど、じっと座ってみました。まあ、往復とも車で送迎してもらったので、あまり偉そうなことは言えませんが、この経験が「闇」に対する僕の認識を変えたのは確かです。真っ暗で誰もいない旧社地ですから、目が見える人にとっては不気味でしょう。でも、そういう意味での恐怖は僕にはありません。「蟻の熊野詣」と称される時代には、さまざまな人が神を感じるために、暗闇の中で本宮を訪れることもあったでしょう。その中には盲人やハンセン病者、肢体不自由者も多数いました。熊野に集う人々（蟻）の信仰心に「闇」を介してアプローチできるのではないかと期待したわけです。

大斎原に座って三〇分ほどは、何といっても虫が怖い。夏ですから、ヤブ蚊をはじめ、いろいろな虫が飛んできます。田舎なので、アブのような大きな虫も僕に向かってくる。虫は苦手だし、やはり姿が見えず、ブンブンと音が迫ってくるのは恐ろしい。しかし、だんだん慣れてくると、「そうか、虫も暗闇の中で視覚を使わずに動いている。僕と同じだ」と思えるようになりました。闇の中で虫と自分の生命がつながる。最初は騒音・雑音として聞こえていた虫の羽音が、徐々に心地よく、リズミカルな響きとなったのは不思議です。「中世・近世の大斎原にも虫がたくさん飛んでいたんだよな」。言葉にしてしまうと当たり前ですが、文献とは違う方法で熊野信仰に少しだけ近づけたような気がしています。

熊野をはじめ、日本人の信仰世界を身体で探る僕のフィールドワークの原点は、大斎原での虫との遭遇にあるといえるでしょう。「蟻の熊野詣」は、いわば参詣者の放し飼い状態です。バリアフリー的な設備は何もない中、障害者たちもそれぞれの歩き方で熊野をめざします。ケア・介助という概念はありませんが、ごく自然に参詣者同士の手助け・手伝いがみられました。目が見えない人の手を引く、肢体不自由者の車を押す。「熊野参詣するなら、いっしょに行こうぜ」。「障害者／健常者」という二項対立の近代的な人間観とはまったく異なる「万物共生」の思想、触れ合いの原初形態が熊野にはありました。近年は「人に優しい」まちづくりが推進されています。それを否定するつもりはありませんが、二一世紀の日本には「蟻の熊野詣」の精神が必要なのではないでしょうか。

飯嶋：著作をみると、『触る門には福来たる――座頭市流フィールドワーカーが行く！』（岩波書店、二〇〇四年）のころから、写真が多数掲載されていますね。ご自身が写り込んだ写真が複数出てきますが、どういう目的で撮影されたものなのでしょうか。

広瀬：デジタルカメラの登場が、僕の中での写真の意味を大きく変えました。僕はＩＣＴがさほど得意ではないし、スマホなどの最新機器の使用は見常者に任せておこうと考えています。でも、デジカメを使い始めたのは比較的早かったかなと思います。二〇〇二年にプリンストン大学で在外研究をするに当たり、文字どおりの異文化体験の記録を自分で写真に撮ってみようと決めて、デジカメを購入しました。デジカメでパチパチ撮って、画像データを周囲の見常者にチェックしてもらう。失敗したデータは消去すればいいので、気楽に写真を撮ることができます。実際、最初のころは米国の風景、食べ物などを撮影して楽しんでいました。

ファイル名をきちんと付けてフォルダーを作っておけば、自力で画像データの管理ができるのも便利です。また、「見常者が撮る写真とは視角が違っていておもしろい」などと言われると、素直に嬉しくなります。でも、やはり最大の難点、不満は自分が撮った写真を自分で確認できないことです。撮るのは僕でも、選ぶ時は見常者の「視点」に頼らざるを得ない。ここは、今の技術ではどうしようもない部分です。この二〇年ほどの間、「撮影」ブームというか、遊び半分で「芸術的」な写真を撮っていた時期が何度かありました。外れが少ない「風景」を撮ることが多かったですね。今はブームが去って、あまり自分で撮影することはありません。印象的な「風」に出合ったら、またブームが訪れるかもしれませんが。

もう一つ、触常者の主張としては少し矛盾があるかなとも感じますが、僕の著作の読者の大半は見常者です。僕の体験をリアルに伝えるために写真を活用しているのは確かです。写真で直接伝えることができるのは視覚情報ですが、僕としてはその場の空気、広義の触覚情報を読者と共有したい思いがあります。そんなわけで、拙著では各地の美術館での彫刻作品の触察シーンの写真などを多く掲載しています。写真は同行の知人、美術館の学芸員に撮ってもらうケースが多いので、必然的に僕が被写体になります。口の悪い友人には「おまえは目立ちたがり屋だね」と言われますが、あくまでも僕は触覚情報を伝達する単なるメッセンジャーなのだと割り切っています。

研究成果を視覚的・聴覚的に伝える手段はずいぶん発達していますが、それこそ「信仰世界」の手触り感を再現する方法は今のところありません。少なくとも、論文という形では難しいでしょう。触常者の行為を撮影した写真は、不十分ながらも雰囲気・空気に「触れる」ための一つの手立て・手引きと位置付けています。遠からず触覚センサー、触覚ディスプレーなどの開発・普及が進み、デジカメと3Dプリンターを連動させて風景を立体的に記録・追体験できるようになるでしょう。投稿論文には触覚情報を保存したファイルを添付することがスタンダードとなる。そうなれば、積極的な意味で、わざわざ僕が写真を撮るというオリジナリティはなくなりますね。

もちろん、多数派におもねるつもりはありませんが、近年の僕の著作でも、適当な写真があれば、できるだけ掲載するようにしています。写真を通じて、見常者の読者が触発されればと願っています。現在、新著『世界はさわらないとわからない――「ユニバーサル・ミュージアム」とは何か』(平凡社新書※二〇二二年刊行)を作っています。本書は二部構成で、第一部はこれまでに書いてきたエッセー、論文を再編集したものです。二〇二一年の秋に実施した特別展「ユニバーサル・ミュージアム」の内容紹介、報告が中心となっています。第二部は、対談・講演・インタビュー、つまり「喋り」の記録です。

第一部では展覧会の様子など、写真を多数掲載していますが、第二部ではあえて写真をまったく使っていません。琵琶法師の『平家物語』になぞらえるのはおこがましいけれど、第二部では画像に頼らず、「喋り」の世界に没入してもらいたいというのが僕の希望です。客観的に、まだ僕は「喋り」というレベルで、「語り」の境地には達していません。でも、文字を読むだけで僕の声が聞こえてくるような著作をめざしたつもりです。

飯嶋：論文や著作の執筆・編集のみならず、講演、展示、ワークショップなど、さまざまな手段を駆使して活動されていますね。ご自身にとって、いちばん向いているなあと感じるのはどの活動なのでしょう。

広瀬：どれも大切な仕事ですが、魅力とやりがいをダイレクトに感じるのはワークショップでしょう。ワークショップは参加者の反応によって変化します。参加者との対話を通じて、自分でワークショップの進め方、内容を変化させることもよくあります。失敗することも含め、臨機応変の対応力が求められるワークショップの緊張感が好きですね。その場の空気、雰囲気を参加者と共有(共遊)する最適の方法がワークショップだといえます。

展覧会の会場にも、できるだけワークショップ的な要素を入れたいと考えています。『目に見えない世界を歩く』で紹介した二〇一六年の兵庫県立美術館の企画展「つなぐ×つつむ×つかむ――無視覚流鑑賞の極意」は、アイマスクをして彫刻作品にさわってもらう展示です。各作品には音声ガイドが付いています。この音声ガイドは、実際に僕がその作品をさわりながら「実況中継」のような形で録音したものです。見所ではなく、「さわり所」を解説する音声ガイドは世界的にみても珍しいものでしょう。音声ガイドだから、一方向の情報提供ですが、僕としてはそれぞれの来館者とともに彫刻触察のワークショップをやっているような気持ちになりました。

兵庫県美での企画展の成功に自信を得て、「無視覚流鑑賞」のワークショップを各地で開催するようになります。二〇二一年の民博の特別展「ユニバーサル・ミュージアム――さわる！〝触〟の大博覧会」でも展示場を薄暗くして、触覚に集中できる演出をしました。ただ、来館者の安全確保、コロナ対策などもあり、「無視覚流」としてはやや中途半端な形になってしまったのは残念です。モノに触れると、誰かと話したくなります。さわる展示では自然発生的に随所で対話型鑑賞が行われます。特別展では対面のイベント実施が制限されましたが、全体としてワークショップ的な展覧会だったと総括できると思います。

飯嶋：私は広瀬さんの著作に焦点を当てて論文をまとめました。この論文以外で、「視覚障害と信仰世界」という主題について、広瀬さんが思うことを自由に述べていただければ幸いです。

広瀬：まず視覚障害関係で、興味がありながら自分では十分に研究できていないのが鍼灸・按摩の世界です。鍼灸・按摩は江戸時代から視覚障害者が受け継いできた手技《しゅぎ》で、体内の様子、すなわち目に見えない世界を触覚で察知する職業といえます。第二次大戦後、視覚障害者の大学進学が一般化し、鍼灸・按摩の道に進む全盲者・弱視者が減少します。一九八〇年代くらいまでは、盲学校卒業生で「名人」「神様」と呼ばれるような鍼灸師がたくさんいました。その中には、宗教家のようなハンド・パワーを武器に、患者（信者）を集める方もいたようです。

一九七〇年代までは盲学校の高等部で按摩の勉強が必修とされていましたが、一九八〇年代以降は高等部（普通科）卒業後、専攻科で鍼灸・按摩のコースが設けられるようになりました。つまり、僕を含め、盲学校卒業生でも鍼灸・按摩の知識がない視覚障害者が徐々に増えているわけです。視覚障害者の職業選択の幅が広がるのは歓迎すべきことですが、当事者たちが「目に見えない世界」に触れる意義、価値を忘却してしまうのは大きな損失だと思います。定年退職後に盲学校に入り直し、鍼灸・按摩の勉強をするというのも一つの選択肢ではありますが、身体論の研究者の立場から、奥深い手技療法の世界にアプローチしてみたいという希望はずっと持っています。

もう一つ、触覚を用いてトライしてみたい研究があります。二〇二一年の特別展「ユニバーサル・ミュージアム」の会場入口に、興福寺仏頭（国宝）のレプリカを展示しました。教科書にもよく取り上げられる仏頭なので、多くの人が「見知って」います。レプリカではありますが、その有名な仏頭に近づき、思う存分さわることができるのは貴重な体験でしょう。見ているだけではわからない仏像の細部、顔の凹凸、肌のハリが触察によって理解できて、たいへん好評でした。

なぜ仏像は、見て崇める対象になったのか。これは人類史を貫く共同研究のテーマになりそうですね。あらためて考えてみると、仏像は近代以降、さわれなくなります。しかし、仏師は手を使って、手で確かめながら仏像を制作します。仏像の様式美は視覚的に捕捉・記述されるのが一般的ですが、さわって読み解く仏像史があってもいいでしょう。

民博の特別展では単にレプリカを並べるだけで、普段はさわれない仏像にさわってみよう、さわると、見るだけではわからないことに気づくね、というレベルで終わっています。もう一歩踏み込んで、仏師の技法、作風を追体験するような触察鑑賞を積み重ね、触覚による宗教史の再構築に挑戦したいという野望があります。もちろん、国宝・重文級の仏像に直接さわることはできません。でも、近年は３Ｄプリンターが急速に進化しているので、精巧なレプリカが容易に作れるようになりました。レプリカを活用すれば、触覚による仏像研究の可能性が広がるでしょう。

僕が調査していた青森・岩手・宮城の盲巫女は、大正・昭和初期生まれの視覚障害者がほとんどです。彼女たちは巫女業と同時に、盲学校で鍼灸・按摩の勉強もしています。盲巫女はカウンセラー的な役割を担っていたので、依頼者の話を聞きながら、ごく自然に相手の身体にも触れます。身体がほぐれると、口も滑らかになる。身体的癒しと精神的癒しはリンクしているのですね。鍼灸・按摩と巫女業も、目に見えない世界を探るという点でつながっていると感じます。

飯嶋：最後に、これから広瀬さんが取り組もうとしている仕事について教えてください。

広瀬：やはり二〇二一年の民博の特別展「ユニバーサル・ミュージアム」は僕の研究、人生において大イベントでした。これで終わりということではありませんが、自分の仕事のとりあえずの集大成となったのは確かです。三か月の会期中の来場者は二万七千人でした。当初目標が五万人だったので、数字的には

「コロナがなければ、もっと伸びたのに」という悔しい思いはあります。しかし逆に、各方面で非接触が強調される中で、あえてさわることの大切さを訴える展覧会を開いた社会的意義は大きいと実感しています。コロナ禍が僕のライフワークの重要性を際立たせる結果をもたらしたと、今は展示関係者・協力者に感謝しています。

新著『世界はさわらないとわからない』に、特別展の来場者アンケートの抜粋を入れています。アンケートは三〇〇通ほどあり、そのうちの九九パーセントは好意的にさわる展示を評価してくれました。コロナ禍の中で、接触を主題とする大規模な展覧会をやるなんてけしからん、というお叱りのコメントは二通のみでした。もちろん、アンケート結果だけを根拠にして、展覧会は大成功だったというのは軽率ですが、「さわれない時代」「さわらない人々」に一石を投じることができたのは間違いありません。

特別展は視覚芸術の「常識」を問い直す斬新な試みとして、マスコミ等でも度々取り上げられました。現代アートの作家が多数出展してくれて、まさに「さわらないとわからない」展示を実現することができました。特別展の内容には満足していますが、やり残したこともあります。それは、自分の研究の出発点でもあり、最大の特徴でもある琵琶法師・瞽女・イタコに関する展示ができなかったことです。展示関連イベントでは瞽女の映画会などを行いましたが、展示場には盲人史に関係する史資料を出すスペースはありませんでした。

琵琶法師・瞽女・イタコの展示と聞いて、すぐに思いつくのは写真展でしょう。琵琶法師や瞽女の演奏を記録したレコード、ＣＤもありますし、イタコの口寄せの様子を撮影した映像も残っています。視覚的・聴覚的に盲人宗教者・芸能者の足跡を紹介するのは簡単です。でも、それだけで彼ら・彼女らの生き様をほんとうに伝えることができるのでしょうか。

琵琶法師・瞽女・イタコたちが感じ取っていた雰囲気・空気、触覚情報を展示という形で再現する方法はないのか。こんなことをあれこれ考えているうちに、時間切れ、体力切れとなり、特別展プランが走り始めました。特別展が現代アート展というスタイルで完結したのは、それはそれでよかったわけですが、何か大切なピースが欠けているぞ、という思いが日に日に強くなっています。盲人史に関するユニバーサルな展示をやってみたい、やらなければならない。やはり、これは僕にしかできない仕事であり、民博にいる間に具体化したい宿題ですね。

新著では躊躇しながらも堂々と、「ユニバーサル・ミュージアム学」の確立を宣言しています。この一五年ほどで、さわる展示はずいぶん深化し、関心を持つ学芸員・研究者も確実に増えています。しかし、ユニバーサル・ミュージアムをアクセシビリティの観点でとらえる人が少なくないのが現状です。「広瀬さんは視覚障害者だから、さわる展示の普及に取り組んでいる」という声もよく耳にします。

ユニバーサル・ミュージアムは単なる障害者対応、弱者支援にとどまるものではありません。視覚中心の近代文明を脱して、新たな「さわる文明」を築く。その土台となるのがユニバーサル・ミュージアム学です。脱近代を指向する文明学なので、ユニバーサル・ミュージアム研究には既存の宗教学・歴史学・人類学などの成果を横断的に取り込むことが不可欠です。多様な分野の専門家が協働し、学際的なユニバーサル・ミュージアム研究を日本から世界へ発信したいと考えています。このユニバーサル・ミュージアム学を成り立たせるための普遍的な理念が「目に見えない世界」なのです。

「目に見えない世界」

第2部

「目の見えない者」と

5

「取り残される」側から社会を問い直す

昨今のＩＣＴの進展は著しく、障害者はその恩恵に浴しています。しかし、効率重視の技術革新においては、視覚が優先されがちです。ＩＣＴとは、「I Cannot Touch」の略ではないかと感じる場面が多々あります。本稿は、田中真理・横田晋務共編『障害から始まるイノベーション――ニーズをシーズにとらえ直す障害学入門』（北大路書房、二〇二三年）に掲載されたコラム（原題「ICTは『I Cannot Touch』なり⁉」）に加筆したものです。

「画面を真っ暗にして、僕の顔も映さないでください」。先日、ある学会のシンポジウムの予告編収録の際、僕は撮影者にこう依頼した。最近の学会発表では、パワーポイントを駆使する「見せるプレゼンテーション」が一般化している。コロナ禍の影響もあり、大学から講義動画の提出が求められるケースも増えた。「聴かせるプレゼンテーション」を追求してきた僕も、オンラインの講演・授業では、スライドを見せながら話をするようになり、ちょっと複雑な心境である。

いうまでもなく、僕のような全盲者は、スライドを見ることも自力で作ることもできない。また、視覚障害者への合理的配慮として、パワーポイントの各スライドの内容を言葉で説明されても、十分理解できるのかは疑問である。とくに学会発表の場合、限られた時間で多くの情報を伝達しなければならないので、必然的に「こちらをご覧ください」というフレーズが頻出する。見せることを前提に構成されたプレゼンを言葉のみで伝えようとしても、そこには限界があるだろう。

上記のシンポジウム予告編において、僕は画像・動画をまったく使わず、ラジオ中継のようなプレゼンをめざした。華やかなテレビ番組（見せるプレゼン）が続く流れの中で、メリハリを付ける意味でも、発表者の声にじっくり耳を傾ける時間があってもいいのではないか。現代は視覚優位・視覚偏重の時代といわれる。そんなトレンドの下で、あえて視覚を使わない解放感、視覚に頼らない「生」の可能性を示すのが視覚障害者の役割なのである。

昨今、視覚障害者の中でもスマホユーザーが増加している。若い世代の視覚障害者たちのＱＯＬ（生活の質）は、スマホ画面の文字を音声で読み上げるアプリの開発とともに向上したのは間違いない。ＩＣＴ機器の活用により「できない」ことが「できる」ようになるのは進歩といえよう。ただ、つるつるの画面に触れて操作するタッチパネルは、視覚障害者にとって使いやすいものではない。少なからぬ視覚障害者がスマホに点キーボードをつないで、どうにかこうにか使用しているのが現状である。僕自身は凸凹ボタンのガラケーを使い続けている。ＩＣＴも視覚中心に進化・普及するので、そこから視覚障害者がこぼれ落ちて、「I Cannot

Touch」という結果をもたらしてしまうのは皮肉である。

近年、「誰一人取り残さない社会」という語をよく耳にするようになった。この言葉に僕は強い違和感を抱く。「取り残さない」という時、誰が誰を取り残すのだろうか。僕が二十代、三十代だったら、頑張って「見せるプレゼンテーション」の技術を磨き、何の迷いもなくスマホに乗り換えていたと思う。五十代となった今の僕は単に頭が固く、老化しているだけなのかもしれない。でも、真っ暗な画面、ガラケーにこだわる姿勢は、「障害」と向き合い、研究を続けてきた成果だと、自分では積極的にとらえている。あくまでもマイノリティの道を歩む、最後の最後まで「取り残される」側に立って発言する。そんな頑固おやじがいてもいいだろう。そして、そんな頑固おやじが堂々と生きられる社会であってほしいと願う。

6 発想・発見・発信——「触常者」という立ち位置

二〇二二年九月から『京都新聞』の「現代のことば」欄でコラムを連載しています。「触常者」というユニークな立場に基づく発想は、僕の人生にさまざまな発見をもたらしました。新聞連載は「触常者」による発信をマジョリティに届ける貴重な機会です。本稿では二〇二二年の九月と一一月、および二〇二三年の一月と三月に掲載されたコラムを紹介します。

❖歩く＝食から職へ

僕は大学・大学院生時代の一〇年余を京都で過ごした。右も左もわからぬまま歩き続け、研究者として活動する土台を築いたのが僕の二十代といえる。全盲の僕が歩く時、さまざまな不自由が付きまとう。この不自由を克服するのはたいへんだが、京都での生活を通じて、僕ははんなりと「障害」と向き合う術を身につけることができた。本連載では、健常者とは少し違う体験を重ねてきた僕の生の「ことば」から、現代社会の特徴、問題点を照射してみたい。

視覚障害者の二大不自由は読み書きと歩行だといわれる。読み書きについては、近年の情報通信技術の進展により、状況が激変した。僕は本原稿をパソコンの音声読み上げ機能を使って書いており、完成した拙稿はメールで担当者に送信する。全盲者の日常でも、インターネットを活用し、多様な情報にアクセスするのが当たり前となった。一方、視覚障害者の単独歩行に関しては、相変わらず危険と隣り合わせである。たしかに、点字ブロックや音響式信号などの設備は充実し、支援者（ヘルパー）の育成・利用も広がってきた。しかし、外に一歩出れば、電信柱・商店の看板・放置自転車など、種々雑多な障害物が待ち受けている。「僕も歩けば妨に当たる」というのが実感である。

視覚障害者としては、安心・安全に歩けるための環境整備を切望する。他方、危険と隣り合わせだからこそ、僕たちは歩かなければならないのだとも思う。大学入学直後、一人暮らしを始めた僕は、外食できる定食屋を求め、少しずつ行動範囲を広げていった。我が行動力の源泉は常に「食」にある。当然よく迷ったし、歩いている他人に声をかけて助けてもらうこともあった。日々の食探しの中で、僕が「道＝未知」を切り開く元気と勇気を得たのは間違いない。

友人と酒を飲んで、鴨川沿いを歩いて下宿に戻った経験も懐かしい。酔っぱらった友人を僕が案内したこともある。そんな際に僕が頼りにしたのは川の音・においだった。東西南北を意識すれば、京都の街は視覚障害者でも歩きやすい。京都市内の歩行で培った独立独歩の精神、面の皮の厚さを武器に、僕は海外留学にも挑戦し、現在の職に就くことができた。

中世の日本では、盲目の琵琶法師が各地を旅していた。どうして、彼らは困難を伴う旅を続けていたのか。僕の実体験を振り返ってみると、この素朴な疑問に対する答えが推測できる。彼らは音・においなど、視覚以外の感覚で世界をとらえる実践的修行に励んでいたのではないか。琵琶法師の面の皮の厚さが、彼らの語る『平家物語』に厚みを与えたのだろう。

僕は、外に踏み出す時の緊張感、全身の感覚が働き始める心地よさが好きである。これからも「ウォーキング（歩くこと）はワーキング（頭と体を働かせること）なり」という琵琶法師由来のモットーを大事にしたい。ハード・ソフトの両面で「人に優しい街」を実現するのも大切だが、その優しさが障害者の面の皮を薄くしてしまわないことを願う。そう、適度の「妨」があるから、僕も歩けば「望」に当たるのだ！

（『京都新聞』二〇二二年九月五日　夕刊）

❖話す＝戦から闘へ

先日、岡山の美術館で小学四年生を対象とするワークショップを担当した。各回の参加者は一七～一八名で、石の彫刻三体を触察する。触覚に集中できるように、会場は真っ暗闇である。子どもたちはハイテンションで声を出す。一つの作品を五分間、五・六人が同時にさわるので、自他の手が重なり、大騒ぎである。

僕はこの二〇年ほど、各地でさわる体感型ワークショップを実施している。学校・福祉施設・博物館など、さまざまな団体から依頼が舞い込む。場数を踏んできたので、口から出任せの対応力でワークショップを楽しく進行できる。

ところが、である。たしかに、岡山のワークショップは盛り上がった。しかし、触察を介して、「目で見るだけではわからないこと」があるという気づきを共有するワークショップの趣旨は、子どもたちに理解されたのか。「今日は暗闇という非日常体験で終わってしまったかな」「短時間、大人数という企画自体に問題があったのさ」。僕は不完全燃焼のモヤモヤした気持ちで初日を終えた。

ホテルに戻って、僕がふと思い出したのはアントニオ猪木の言葉だった。「闘魂とは己に打ち勝ち、闘いを通じて自分の魂を磨くことである」。これまでの人生の要所要所で、僕は猪木の闘魂から勇気と元気をもらってきた。そして、猪木のプロレスが剛から柔へと変化していくとともに、自分の中で「戦」と「闘」を区別するようにもなった。同じ「たたかい」でも、戦は外部・他者に対するもの、闘は内部・自己に対するものと定義できるだろうか。

僕はワークショップのみならず、各方面で講演をしている。「全盲」という視点（支点）での物事の「見方」は珍しいようで、多分野からお声がかかる。最初に対外的な場で講演したのは大学院生時代である。京都市内の郵便局の人権研修を依頼され、十か所ほどの局を回り、荒稼ぎ（？）した。点字習得にまつわるエピソード、大学で実感したマイノリティの生き辛さ、琵琶法師に関する研究など、二十代の盲青年の素直な思いを語った。

あれから三〇年。僕の講演内容は今も基本的に同じである。「目が見えない人生っておもしろい」「障害とは不幸ではない」。この三〇年間で、障害者の社会参加は着実に進んだ。とはいえ、日常生活ではまだ無理解・偏見に出合う場面も多い。若いころ、僕は社会に対して、健常者に向けて、障害理解を訴えていた。いわば、戦である。五十代半ばとなった現在、僕は闘を重視している。魂を磨いた自身の姿を通して、障害の意味を問いかける。これが猪木の闘魂継承をめざす僕の希望である。

ワークショップ失敗の原因を主催者・参加者側に求めるのは戦の発想だろう。僕は自らに闘魂を注入し、二日目のワークショップに臨んだ。導入部の話の構成を変えたためか、二日目は流れがスムーズで、児童の反応もよかった。僕の講演、ワークショップは発展途上である。全盲者のユニークな経験を活かし、多くの人に勇気と元気を届けられるよう、引き続き精進したい。闘魂よ、永遠に！

（『京都新聞』二〇二二年一一月一〇日　夕刊）

❖感じる＝五から互へ

最近「五感で楽しむ」というフレーズをよく耳にする。自分が取り組む「ユニバーサル・ミュージアム」を簡単に説明する際、僕も「視覚だけではなく、五感を駆使して体験できる博物館」と述べることがある。五感は人間の感覚、潜在能力に意識を向けるための有効な言葉だが、一方で僕はこの語の頻出に多少の違和感を抱く。

そもそも、人間の複雑な感覚を五つに識別できるのか。日本文化は、目に見えないものを尊ぶ伝統を持つ。「草葉の陰」という表現が示すように、死者の霊は目に見えないが、確実に生者の周りにおり、日々の暮らしを見守っている。何らかの場面で第六感（五感以外の感覚）の実在を体感したことがある人は少なくないだろう。

僕は全盲なので、五感のうち一つが使えない障害者だと考えられがちである。しかし、日常生活において五感をフル活用している人はいない。学生時代、方向音痴の友人がいた。いっしょに京都の街中を歩いていると、彼は僕に道を尋ねる。「ここって、さっき歩いたっけ」「うん、パチンコ屋の音がするから、同じ道を通ったよ」「本屋のにおいがしたら、その先を右に曲がろう」。目が見える人は視覚に依拠して行動するので、街にあふれる聴覚・嗅覚情報に気づかないことが多い。僕は、障害者とは感覚の使い方の割合が多数派と異なる人だと定義している。現代は視覚優位の時代といわれる。視覚に依存する健常者は、「見常者」と呼ぶことができる。

これに対し、視覚を使わずに生きる視覚障害者を僕は「触常者」と称している。触覚の特徴は、全身に分布すること。視・聴・嗅・味を担う感覚器は頭部に集中しているが、触覚は身体感覚にリンクする。足裏でとらえる地面の凹凸、皮膚が感知する風や温度も「触」に含まれる。眠っていた全身の感覚を呼び覚ます、研ぎ澄ますというニュアンスで、僕は「触角」という語を用いる。かつて、人間は触角を総動員して世界と触れ合っていた。近代以降、便利さを追求する過程で人類は触角の力を失い、「より多く、より速く」情報が入手・伝達できる視覚のみに頼るようになった。「触覚＝触角」は、単なる五感の一部ではない重要性を有しているといえる。

五感のうち一つを使わないことで、人は別の生き方に出合う。先日、「無視覚流で楽しむ京風まちあるき」イベントに協力した。美術館・図書館・劇場などを訪ね、アイマスクを着けて聴く・嗅ぐ・さわる体験を満喫する企画である。視覚以外の感覚から得られる気づきを参加者が共有するまちあるきは、「発見」の連続だった。

気づきは新たな価値観・人間観の築きにつながる。触角は動物が世界を認識するセンサーである。視・聴・嗅・味の四つの感覚も、原初的には触角に包含される。そんな触角の本義を見常者たちに伝えることができるのが触常者なのである。多様な触角を持つ人間が自由に交流できる社会は強くて深い。京都の風を全身で感じながら、僕は思った。五感って限定的で味気ないな。これからは互いの感性の相違を交換できる「互換で楽しむ」をキーワードに活動しよう。

（『京都新聞』二〇二三年一月一七日　夕刊）

❖みる＝見から験へ

「僕たちはテレビを見るんじゃなくて、聴くんだよ」。盲学校時代の同級生がこんなことを言っていた。「何か違うんだけど、うまく言い返せない」。当時はもやもやしていたが、今ならこう反論しよう。「見るのは無理でも、テレビをみることはできる」。

「見る」と「みる」の違いは何か。僕たち全盲者がテレビをみる際、音を聴いているだけではない。音声に耳を澄ますと同時に、想像力を働かせる。イメージを広げる点で、無音の時間も大切である。スポーツ好きの僕は野球や大相撲中継を楽しんでいるが、圧倒的にラジオよりもテレビを利用する方が多い。心の中で「見えない画像」を描く、余韻を味わうという面で、僕はテレビを好む。見るとは視覚で情報を得ること、みるとは全身の感覚を駆使して事物を認識することと定義できる。少ない材料を上手に活かすのが「みる」極意といえるだろう。

僕が「見る」と「みる」の相違を意識するようになったのは、博物館に就職してからである。博物館では「見せる」ための方法と理論が蓄積されている。二〇〇一年、僕は国立民族学博物館に着任した。「見学」を大前提とする博物館で、見ることができない全盲者は何をすべきなのか。ここで僕が想起したのが「みる」感覚である。「そうだ、博物館からみる楽しさを発信しよう」。

僕が最初に担当した企画展は「さわる文字、さわる世界――触文化が創りだすユニバーサル・ミュージアム」（二〇〇六年）である。触学・触楽できる資料の代表として、京都府立盲学校が所蔵する視覚障害関連の教材・教具を紹介した。木刻凸字は点字考案以前、さわって理解できるように文字の形を浮き彫りにした木片である。この木片に触れて、僕は文化の意味をあらためて考えた。

文化には創る・使う・伝えるの三側面がある。職人たちが触感にこだわり、木刻凸字を丁寧に制作する。その凸字を使うのは生徒である。見ることができない彼らは指先に神経を集中し、懸命に文字の形をなぞる。そして、凸字を用いて盲児に多様な知識を伝える教師たち。盲学校の資料には創・使・伝、それぞれの手が重なり合う。企画展の会場で来館者が木刻凸字にさわるとは、創・使・伝に裏打ちされた文化を追体験する行為ともいえよう。

視覚による情報伝達が困難な盲学校では、さわることを中心に、実体験が重視される。手・体を動かす経験を通じて、物事を「みて」いるのである。視覚に依存する健常者にこそ、「みる＝験」の豊かさ、奥深さを実感してほしい。「さわる文字、さわる世界」の計画を進める過程で、博物館における僕の役割が明確となった。

日本初の盲学校は京都で設立された。「験」に基づく教育を実践してきた京都の先駆性に敬意を表したい。京都で学んだ僕は、従来の博物館のあり方を問い直し、「みる」ことの可能性をすべての人に体感してもらう活動を続けている。その成果として、二〇二三年四月一日から「ユニバーサル・ミュージアム」巡回展が岡山放送（テレビ局）で開かれる。きっと本展は視覚優位の現代人に「霊験あらたかな」触発をもたらすに違いない。

（『京都新聞』二〇二三年三月一五日　夕刊）

7

鑑賞・感動・勧誘
――「触常者」の生活術

二〇二二年五月～八月、月二回のペースで『神戸新聞』の「随想」欄に寄稿しました。「触常者」の日常はエキサイティングで楽しい、さわる〝鑑賞〟体験から広がる〝感動〟を多くの人に伝えたい。この二点が僕の随想の骨子です。本稿では、八回の連載を再構成して、豊かな「触」生活へとみなさんを〝勧誘〟します。

❖白杖ミュージシャン

カンカン、コツコツ、ガシガシ。これは、全盲の僕が白杖を使って道を歩く際の音である。ぼうっと歩いていると、時々ガチャン、ゴツンという音も交じる。視覚障害者の単独歩行は危険と隣り合わせだが、同時にさまざまな音を楽しむチャンスでもある。同じ道でも季節・時間によって白杖の音は微妙に異なる。白杖でリズミカルに道路をたたけば、軽快なジャズが流れる。仕事帰りで疲れている日は、白杖をズルズル引きずる。思わず、ズルズル音をバックに演歌を口ずさみたくなる。

先日、高校生・大学生対象のオンライン・ワークショップを担当した。普段、僕のワークショップでは「触」をテーマとし、各地の民具や楽器にさわってもらう。しかし、オンラインでは「触」が使えない。そこで、僕が注目、いや注耳したのは音。白杖ミュージシャンの面目躍如である。まず、僕は視覚を使わない自身の日常生活において、種々雑多な音が大切であることを話した。車の走行音で信号を判断する、人の足音で性格がわかるなど、音にまつわるエピソードは多い。

その後、聴覚芸能の代表として、琵琶法師の『平家物語』の魅力を伝える。最後に、こんな質問を参加者に投げかけた。「あなたを表す音はどんなものですか」。若者たちはユニークな答えを返してくれた。「バキバキ＝毎日、筋トレに励んでいる」「カシャカシャ＝朝から晩までスマホやタブレットをいじっている」。僕のお腹はブヨブヨだし、タッチパネルは苦手で、パソコンのキーボードをたたいているのでパチパチかな。個々人を表現する音は多彩で、若者との対話は盛り上がった。

視覚偏重といわれる現代社会にあって、さわること、聞くことの大切さを発信するのが僕の役割だろう。本連載でも、僕の声、生活音が聞こえるような楽しい文章をお届けしたい。

（『神戸新聞』二〇二二年五月二日　夕刊）

❖ボランティア精神

先日、札幌に出張した。目的は、生涯学習センターのボランティア団体設立二〇周年の記念講演である。講演冒頭で僕は「ボランティア様様」という語を紹介した。僕の人生は、音訳・点訳など、様様（さまざま）なボランティアに支えられている。ボランティアのおかげで今日の僕があるといっても過言ではない。まさに、ボランティア様様（さまさま）である。

ボランティアの特徴を示すキーワードとして「分かち合う・結び付ける・創り出す」を挙げたい。昨今、僕は各地の博物館ボランティアの研修に関わる機会が多い。博物館では来館者とボランティアが展示を楽しむという目標を分かち合う。僕のような全盲者は単独で展示観覧するのが難しいが、ボランティアは僕たちと博物館を結び付ける手助けをしてくれる。そんなボランティアの活動は単なる障害者支援ではなく、視覚以外の感覚を用いて、博物館の新たな魅力を創り出しているともいえる。ボランティアとの交流を通じて、僕は「分・結・創」の大切さを実感している。

講演の後半で、僕は花見の話をした。五月でも花見の話題を持ち出せるのは、さすが北海道である。全盲者は桜を見ることができないが、花びらや枝の手触り、ほのかな香りを楽しんでいる。以前、僕は「この桜が目に入らぬ会」という花見の宴を企画し、視覚障害の友人を集めていた。しかし、「目に入らぬ会」では晴眼者は参加しにくい。そこで、最近では「花愛《はなめ》」という語を使っている。花を愛でる方法は十人十色。視覚で桜を愛でる人がいれば、触覚や嗅覚で愛でる人がいてもいい。桜には多様な味わい方があるのに、それを「見る」だけに限定してしまうのはもったいない。

ちょっとした発想の転換で「分・結・創」の可能性は広がる。人生全般において、ボランティア精神に学ぶ点は多い。ボランティアの原義は「自発的に〇〇する」である。コロナ禍で自発性が発揮しにくい状況が続いたが、そろそろ各地のボランティアが本格的に活動再開している。ボランティアたちとともに、二〇二三年こそはマスクなしで花愛を満喫したいものだ。

（『神戸新聞』二〇二二年五月二六日　夕刊）

❖入門式

人生において「始める」と「続ける」は大事である。僕は趣味で二〇年以上、合気道の道場に通ってきた。ところが、コロナにより道場に行けなくなってしまった。二〇二二年に入り、そろそろ道場に復帰しようかと考え始めた。合気道を続けることは僕にとって比較的簡単だろう。でも、このまま合気道を続けても、もうあまり進歩はないような気がする。もちろん、合気道を極めたというレベルには達していないが、さまざまな技法に習熟し、惰性で稽古を続けていたのも確かである。

自分・他者の身体との対話を通じて、新たな気づきを得る。これが武道の魅力である。迷った末に、僕は二月から少林寺拳法の道場に通うことにした。五〇歳を過ぎた今の僕にとって、未知の技を一から覚えるのは容易ではない。道場まで一人で歩く。これも全盲の僕には一つの挑戦である。道場では指導者、先輩方が好意的に僕を受け入れてくださった。稽古は僕、道場の仲間にとって試行錯誤の連続である。見様見真似ができない僕に、有段者たちが文字どおり手取り足取りで技を伝授してくれる。まずは「少林寺拳法をやってます」と胸を張って言えるように、黒帯取得をめざしたい。

武道に限らず、スポーツはコミュニケーションの手段でもある。現在、少林寺拳法の道場では突きや蹴りの音を聴き比べる、先輩の身体の動きを実際にさわらせてもらって確認するなど、晴眼者とは少し異なる方法で稽古に取り組んでいる。障害理解・福祉とは違う文脈で、目が見えないことに向き合うのは新鮮である。少林寺拳法では自己確立、自他共楽が目標とされる。先日、大学生たちと並んで、道場の入門式に出席した。若者のように身体は軽やかに動かないが、自分なりの技を磨く模索の旅を始めよう。そして、世代の枠、障害の有無を超えて、新しい仲間と共楽できる交流を続けたい。

（『神戸新聞』二〇二二年六月一〇日　夕刊）

❖自立と自律

「昼食が終わったころに迎えにきます」。女性職員が配膳を手伝ってくれて、僕は胃に優しい食事を味わう。ここは大阪市内の大きな病院。毎年六月に、僕は人間ドック健診を受けている。定期的な健康診断は大切だが、ベルトコンベヤー式でさまざまな検査室を回る人間ドックは愉快なものではない。血圧・血糖値が年々上昇し、体重が高止まりしているのも、僕を憂鬱にさせる原因だろう。

ところが、じつはこの人間ドック、僕が文字どおり「人間」として生きている、生きていけることを確かめる貴重な機会でもある。人間ドックに通うようになって、もう二〇年。今年も、病院の入口から手伝い・手助けのリレーが始まる。まず、守衛さんが四階の人間ドック受付まで案内してくれる。健診センターのスタッフは異動も多いが、どうやら全盲者が単独で来ることが申し送りされているようで、スムーズに僕を更衣室、検査室へ誘導する。半日の健診の間、僕は何人もの方から手伝い・手助けしてもらう。人の手とは温かいものだと実感する。

人間とは、人と人との関わり、つながりの中で生きている。他者との関わり、つながりがなければ生きていけないのが人間だともいえる。その意味で、障害者は人間らしい人間なのかもしれない。僕は、何でも一人でできるのが自立ではないと考える。手助け・手伝いの網をどのように作り、使っていくのかが、その人の人間力、自立のポイントだろう。サポートを受けた際は率直に感謝の気持ちを表し、他者を不快にさせぬように心がける。自立は自律であると感じる。本来、ドックとは船を修理・検査する施設である。人間ドックは健康状態をチェックするのみならず、僕の人間力、自立と自律の達成度を測る場なのではなかろうか。さあ、来年は心ばかりでなく、身も軽くドックから出られるように、ダイエットに励もう！（『神戸新聞』二〇二二年六月二七日　夕刊）

❖昔話に触れる

「今の子どもは『耳なし芳一』を知りませんよ」。二〇二一年の秋、『音にさわる――はるなつあきふゆをたのしむ「手」』（絵・日比野尚子、偕成社、二〇二一年）という絵本を作る際、編集者にこう言われた。僕は現代版「耳なし芳一」、耳を引きちぎられた後の芳一の物語を描く絵本を構想していた。しかし、芳一を知らなければ、続編といっても受け入れられるわけがない。結局、「さわるくん」という主人公が五感を駆使して春夏秋冬を味わうストーリーに落ち着いた。大学の授業で尋ねても、「耳なし芳一」を知らない学生が多いことに驚く。昔話、民話が日本人の生活から遠くなっていると実感させられる。

先日、日本昔話学会の大会で講演した。聴衆は研究者、幼児教育の現場で読み聞かせに取り組む方々である。僕は芳一に関する持論を展開し、「目に見えない怨霊と自由に交流できる芳一の能力は本来、日本人の多数が保持していたもの。コロナ禍の今こそ、目に見えぬウイルスと共存する知恵を芳一に学ぶべきだ」と力説した。

講演後、語り部による昔話の紹介では、久しぶりに僕も声から生まれるイメージの広がりを楽しんだ。現在、図書館や幼稚園で読み聞かせが盛んに行われている。これは、児童の情操教育の優れた実践といえる。だが、読み聞かせという言葉に、僕は違和感を抱く。読むのも聞かせるのも主体は大人である。子どもの感性を重視する別の用語はないものだろうか。

『音にさわる』では、「触れ聞かせ」を提唱した。この絵本では、桜・セミ・落ち葉・雪などの触感が隆起印刷で表現されている。絵本に触れるのは読者である。能動的にイラストに触れる行為を通じて、絵本から目に見えないメッセージ、四季の音が聞こえてくる。つまり、聞かせる主体は桜やセミなのである。ややもすると、読み聞かせは「読む」↓「聞く」の一方向になりがちだが、触れ聞かせは双方向の対話を促す。読み聞かせ活動に触れる要素が加わり、昔話の再評価が進むことを期待したい。

（『神戸新聞』二〇二二年七月一二日　夕刊）

❖本の捺し売り

先日、新著を刊行した。『世界はさわらないとわからない――「ユニバーサル・ミュージアム」とは何か』（平凡社新書、二〇二二年）である。まずは、出版社、協力者に感謝したい。

新しい本が出ると、友人・知人に案内メールを流す。各種メーリングリストにも投稿するので、二千人以上に僕のメールが届いていると思われる。さらに厚かましく、僕自身が著者割引による書籍販売を仲介する。「いつまで、自分の本を自分で売らなければならないのか」と、時々苦笑してしまう。

僕が自分の本を自分で積極的に売るようになったのは、先輩の助言がきっかけである。「どうせ、おまえの本なんか売れないんだから、自分でどんどん宣伝しなきゃダメだぞ」。たしかに、そのとおりだ。自分がそれなりの時間とエネルギーを使い、情熱を込めて完成した著作なので、愛着は強い。ならば、自信を持って他人にお薦めしてもいいのではないか。

当初、本随想のタイトルは「押し売りから推し売りへ」とするつもりだった。拙著をお薦めするという意味で、「推し売り」はぴったりの言葉である。しかし、ネット検索すると、「推し売り」はすでに多分野で使われているようだ。そこで、別の語をひねり出した。「捺し売り」はどうだろう。

拙著の表紙には点字で書名と著者名が印刷されている。非接触が強調されるコロナ禍の中でも、さわることの大切さを忘れてはならない。これが本書のメッセージである。点字はさわる文化のシンボルといえる。点字が読める・読めないに関係なく、たくさんの読者が拙著の表紙にさわり、「このボツボツ、なんだか気持ちいい」「見る文字だけじゃなくて、さわる文字もあるんだ」と実感してほしい。「点字を使い、さわる文化に親しむ著者」という印を捺して、読者各位に拙著を送りたい。そうだ、画像は簡単にネットで伝えられるが、点字の触感は実際に手で「さわらないとわからない」！

（『神戸新聞』二〇二二年七月二八日　夕刊）

❖万人のための万博へ

二〇二二年八月から、大阪・関西万博の「ユニバーサルサービス検討会」に参加している。二〇二五年の万博開幕まで千日を切り、各方面で準備が進んでいることを実感する。大阪在住・在勤者としては万博が成功し、関西が盛り上がることを期待したい。一方で「二一世紀の日本で万博を開く意義は何なのか」という疑問が頭をよぎる。

一九七〇年の万博のテーマは「人類の進歩と調和」である。一九七〇年万博の跡地に建てられた国立民族学博物館、我が職場では文字どおり「人類の進歩と調和」を具体化する研究が蓄積されてきた。だが、「進歩と調和」から疎外された少数派も存在する。その代表が障害者である。一九七〇年万博から五五年を経て実施される大阪・関西万博の成否は、障害者の参画がどこまで実現できるのかにかかっているともいえるだろう。

ユニバーサルサービス検討会では多様な障害当事者がハード・ソフト両面の要望を事務局に伝える。運営スタッフとして障害者を雇用すべきだという意見も出た。障害に関連する近年の公的会議では、「私たちのことを私たち抜きで決めないで」という理念が国際標準となっている。障害当事者の声を尊重する姿勢が定着したのは、社会の成熟として評価できる。

しかし僕は、「私たち」が排他的になる危険性についても注意喚起したい。「私たちのことは私たちしかわからない」「あなたたちは関わってはいけない」。こうなると、障害者が健常者を疎外する逆差別が生じてしまう。「私たち」の幅を広げること、私たちとあなたたちの垣根を取っ払うことが大事だろう。僕は、当事者の枠を突き抜ける「目の見える視覚障害者」をどうやって育成できるのか、日々模索している。万国ではなく、万人の博覧会へ。「障害」を切り口として、万博がめざす「いのち輝く未来社会」のあり方を引き続き考えてみたい。

（『神戸新聞』二〇二二年八月一五日　夕刊）

❖令和版風土記作り

先日、兵庫県の加古川総合文化センターでワークショップ「さわる世界旅行」を担当した。僕は「触」を主題とする体験型のイベントを全国各地で実施している。今回のタイトルには二つの意味がある。「さわる・世界旅行」＝さわることを手段とし、世界の民具・楽器などを体感する。「さわる世界・旅行」＝さわらなければわからない豊かな世界があることを実際に手で確かめる。民具・楽器の背後には、それを創り使い伝えてきた人がいる。物にさわれば者の存在を感じることができるのが、僕のワークショップの特徴といえる。

加古川のイベントでは、僕の手持ちの民具・楽器に加え、センターが所蔵する資料を使わせてもらうことになった。加古川周辺から出土した土器や瓦、酒造りなどの地場産業に関わる道具は、まさに土地の手触りが伝わってくる資料である。僕も「播磨国風土記」の現代語訳を読んで予習に励んだ。これまで僕は、「目に見えないもの＝風」と「目に見えるもの＝土」が相互作用することで風土が形成されると考えてきた。加古川のイベントを通じて、僕の風土論は深化した。風とは、その場に行かなければ実感できないもの。土とは、温度・重さなど、見た目に惑わされず、さわって確認すべきもの。こう定義すると、コロナ禍の状況下で僕が対面のワークショップを続ける意義が明確となる。

風土記は八世紀初頭、律令制国家が成立・発展する過程で、各地域の歴史・神話などがまとめられたものである。地名の由来、特産物、古老の伝承などが具体的に記録されている風土記は、文字どおり風と土の報告集といえる。近代化の閉塞が各方面で指摘される現在、新たな価値観・人間観が必要となっている。僕は二一世紀の国家像を描く手がかりとなるのが「触」だと確信する。さあ、令和版の風土記作りが始まる。播磨から全国へ！　そう宣言して、本連載を終えることにしよう。

（『神戸新聞』二〇二一年八月三〇日　夕刊）

8

感覚の多様性と身体知

二〇二三年二月、『季刊民族学』一八四号（公益財団法人 千里文化財団）の企画で、内田樹先生と対談しました。武道に学ぶ知覚情報の用い方、教育における聴覚情報の有効性、言葉と身体はどのようにリンクしているのか、身体感覚はどうやって磨くべきなのか……。対談を通じて、武道の極意は、美術鑑賞を行う上での気構え、体構えにもつながっていると実感できました。本稿は、同誌に収録された特別対談「体は全部わかっている——武道と身体知」の内容に加筆したものです。「体で感じる／体を感じる」可能性について、さまざまな触発を与えてくださった内田先生、そして編集担当の小山茂樹さん・小嶋薫さんに感謝します。

〈内田樹　うちだ・たつる〉
神戸女学院大学名誉教授、「合気道 凱風館《がいふう》」館長。専門はフランス現代思想、武道論、教育論、映画論など。幅広いテーマで文筆活動を行う。大学を退職後、神戸・住吉に自宅兼道場「凱風館」を建設、合気道の師範として指導を続ける。合気道七段。武道論・身体論に関する著作に、『日本の身体』（新潮社、二〇一六年）、『武道的思考』（筑摩書房、二〇一九年）、『武道論――これからの心身の構え』（河出書房新社、二〇二一年）など。

◉他芸を習って武道を探究する

広瀬：先ほど「凱風館」の道場で内田先生が稽古をつけられるのを見学しました。僕は目が見えないので動きはわからないけれども、耳で聴いていると、みなさんの足の動きがきれいに揃っており、人数もちょうどいい規模でやられていて、すごく良い「気」が流れているなと思いました。

内田：ありがとうございます。

広瀬：もともと、僕は単純に司馬遼太郎の歴史小説が好きで、テレビの時代劇も楽しんでいました。でも、目が見えないから、映像ではチャンバラの様子がわからない。もう、これは自分でチャンバラをやってみるしかないということで、大学で居合道を稽古するようになったんです。その後、合気道の道場に通って、今は少林寺拳法をやっています。

内田先生はよく「無敵」とおっしゃいますが、居合も合気道もやっているうちに、外に敵がいるんじゃなくて、自分と自分の体との対話なんだということがわかってきます。それで、いろいろ武道をやってみたんですけれども、合気道は自分の体が他者とつながって、他者と動くことによって自分の体との対話になるということが、体験としていちばんよくわかるんです。今日は新陰流《しんかげりゅう》の杖道《じょうどう》の稽古を拝見しましたけれども、凱風館では総合的な武道を探究されているのでしょうか。

内田：合気道がメインで、合気道の術理をさらに深く考究したいということで、杖《じょう》をやったり、居合をやったり、剣術をやったり、中国拳法をやったりしています。先生が毎回こられて、それぞれ興味がある人たちが、ここで受講していくという形でやっております。ただ、「本籍地は合気道」というのは、譲れないところがあります。

昔の合気道家、それこそ戦前の大先生・植芝盛平《うえしばもりへい》がやっていた合気道というのは、柔道・剣道の高段者で、香取神道流《かとりしんとうりゅう》であったり、新陰流であったり、それなりの目録を持っている方たちが入門する、武道家のための武道というところがありました。今は合気道プロパーの人たちがほとんどなんですけれども、剣の手の内であるとか、刃筋であるとか、間合いであるというようなことは、合気道であまり教えない。時々木刀とか杖とかを使った稽古もなくはないんですけれども、それもだんだん教えられる人が少なくなってきて、本来の合気道家であれば当然習熟していたはずのものが身についていないということがあるんです。それって、合気道としてもあんまりバランスがよくないだろうと。

いわば合気道の土台を創るために、いろいろな先生たちにきていただいて習っているんです。そうやって、みんな何年も稽古していると、「ああ、自分たちがやってきたことのこの部分なんだな」「ここをこの武道はすごく大切にしているんだな」と、わかってくる。いろんな武道をずっと並行して稽古することによって、ずいぶんと下地がしっかりしてきたという感じがします。

広瀬：僕なんかのレベルでも、最初に大学で居合を四年間やった後に合気道に移ったら、居合の剣を振っている動きが合気道の「四方投げ」につながってきて、たしかに内田先生のおっしゃっていることがよくわかります。一方で、先生がやっているような幅広い、ほんとうの意味での合気道を通して、武道を探究するみたいなところが最近は少なくなっているような気がします。

内田：しますね（笑）。僕は合気道を四七年やってますが、今と比べると、半世紀前の本部の師範たちというのは古武士のような風貌でした。ほんとうに個性的な方ばかりで、一人一人やることがまったく違っていたんです。今は技が似てきている。これに関しては、僕はいささか違和感を感じるんですよね。

植芝吉祥丸《きっしょうまる》先生（合気道二代道主）は、大先生に言われて、剣とか杖とか槍術《そうじゅつ》とか弓とか、いろんなことを習っていたはずなんですけれど、今は他芸はほとんどされてないと思うんですよね。みんな、もっと堂々と他芸を習うべきだと思います。他の武道でもいいですし、修験道に行って修行するとか、滝行をやるとか、いろいろな修行をしてきて、その成果を合気道という所に持ち寄って、みんなでそれを研究して豊穣化していくというのが、合気道を武道のアカデミアと考えた場合、健全なあり方だと思うんですよね。

広瀬：僕はアメリカに留学した時に、現地の大学で合気道のクラブに入っていたことがあります。英語はたいして喋れないのですが、合気道を通じて体でコミュニケーションすることができて、有意義な異文化体験になりました。というのは、アメリカ人の師範が教えたりしている場面に出合うと、いい意味でも悪い意味でも日本の師範と教え方がちょっと違っていて、指導者の自由が許容されているんですね。そのことがすごくおもしろかったんです。それと、僕が以前通っていた合気道の道場は、大阪大学に近いこともあって、外国の方がたくさんおられました。レスリングやアメフトなどをしていた人もいて、そういう方々と稽古するのは刺激的な経験になりました。

◉空間を「触覚的」に認知する

広瀬：僕自身は武道をやったことで体の使い方、具体的に言えば歩くことに変化が生じたという意識があります。僕は白い杖を使って周りの音を聴きながら歩くわけですが、武道をやる前と比べると、虫のように触角を伸ばして外界の情報を把握する、そういう感覚が磨かれたなという気がすごくするんです。先生が合気道を四七年されていて、いちばん変わったなとか、研ぎ澄まされたなと思うのは、どういった所でしょうか？

内田：研ぎ澄まされたかどうかはわかりませんけれども（笑）、まったくおっしゃるとおりで、僕らの日常の空間認知は完全に視覚重視なんですよね。視覚がほとんどで、その他に聴覚を少し動員して空間認知をしている。でも、触覚で動くというのが空間認知としてはいちばん正確で、いちばん適切な動線を指示してくれる。合気道をやっているとわかりますが、視覚認知・聴覚認知だと対応が遅すぎるんです。

たとえば、ここに身長一七五センチ、体重七五キロくらいの人がいて、ごつい骨格で太い腕をしている。この人を投げようと考えると、ものすごく難しいんですよね。人体の構造って、ほんとうに複雑だし、どこに重心があるのか、どうやって投げようかと考えだすと、それはもう膨大な変数があるわけです。これを最小限の力、最短時間で、最小エネルギー消費で投げようとすると、複雑すぎて計算式が立たない。その変数を増やしているいちばん大きな原因って視覚なんです。相手の身体情報とか周囲の空間について、視覚情報がいちばん多くノイズを出すんです。

このノイズを全部消して動くにはどうするかというと、「心耳をすまして無声の声を聴く」と言いますけれども、これは僕の解釈では、触覚的に空間認知をしていくことなんです。相手にさわっている時って、相手の体全体じゃなくて、指先が相手の手首や肘にさわっているだけで、それはほとんど点なわけですよね。じゃあ、空間認知する時の入力はそこだけでいい。それ以外の、ここにこういう関節があって、こういう運動筋があって、足がそこにあって、目はここを向いているということを考えて、その変数を全部処理しながら動くとなると欲が出てくる。今、もしも自分が指の二点でさわっているんだったら、相手の皮膚と自分の皮膚とが触れているその二点、それだけで動けばいい。その二点の触覚だけでけっこうな量の情報が入ってくるんです。その二点で摩擦や抵抗が発生しないような動きを採用すると、動きとしては非常に適切になるわけです。

これについて、いろんな稽古の方便があって、あれやこれやと毎回さまざまな実験をしてみて、どうやったらノイズを消して、ほんとうに聴くべき音だけを聴いて動けるかという実験をするんです。よく実際に道場で口にするのは、空間を触覚的に認知してください、皮膚感覚だけで動いてくださいということです。相手を投げるとか、かためるとか、掴むとか絶対に思わないで、ただふわっているだけ、さわっている皮膚が、ある位置から別の位置にスーッと導いていく。最短距離・最小時間・最小エネルギー消費で、ある点からある点に自分がさわってる皮膚が動く。そうすると、身長二メートルで体重一〇〇キロある人でも、身長一四〇センチの女の子でも、さわっている所はいっしょなわけだから、やる技って、べつに違わないいんですよね。

　この術理というのは、女の子の方が圧倒的に理解が早いんですよね。とくに、僕よりも、もっとでかくて、腕力がすごくあって、よく動ける男というのは、なんだかんだで最後に「エイヤッ！」ってやっちゃえば、技らしきものがかかっちゃうんですよね、力があるから。そうすると、成功体験というのが手放せないんですよ。むしろ、小さい女の子は、「エイヤッ！」なんてできるわけない。もう、すがるのは僕が説明している術理しかないわけで。そうすると、ほんとうに驚くほど見事に上達するんですよ。以前、僕が師事した多田宏先生が「空間を触覚的に認知する」ということをおっしゃったことがあって、それに僕、ずっとこだわっているんです。とくに、この一年くらいの稽古で、よく言うようになりましたね。

◉知覚情報の「ノイズ」を消す

広瀬：我が意を得たりという感じがします。たとえば「正面打ち」をする時に、普通は相手がくるのを見て対応するわけですよね。僕はそれができないので、最初は相手に「エイッ！」と声を出してもらって、それに反応するというような稽古をしていたんですけれども、やはりそれだと遅い時があって。最終的に、相手に手を握ってもらって、それを離した瞬間にパッと反応するという稽古をして鍛えていくと、ほんとうにきれいに、相手の動きと自然に連動して、マグネットのような動きができるようになりました。
　ただ、マグネットは接触、近距離にあることが前提です。内田先生の本には「気の感応」ということが書かれています。距離が離れていても、相手がどの方向に行きたいのかがわかる「方向当て」という境地です。あれは僕なんかのレベルではわからないんですけれども、感応力は鍛えられるものですか？

内田： 鍛えるとか、感受性を研ぎ澄ますと言うと、何か能力を高めるように思うのですが、実際にやっていることは、ノイズを消していくことなんです。僕がさっきから繰り返し言っているように、情報が多すぎて混乱してるので、ほんとうに必要な情報だけに限定していって、ノイズをキャンセルしていくというのが、僕らがやってる稽古の実態じゃないかという気がするんです。だから、さっきおっしゃった「方向当て」なんかも、バンバン当てちゃう子がいるんですよね。

「色当て」というのもあって、赤・黄・青・黒・白・緑の六種類の色の中から一色を選んで、緑なら頭の内に緑のイメージをパーッと思い浮かべると、手を触れ合っている相手が「緑」ってわかるんですね。想像するんじゃなくて、多田先生の言い方だと「ずっと忘れていた人の名前をふっと思い出すような感じ」で、「あっ、緑だ」とわかるんですね。相手の体にさわっていて、相手が緑をイメージしていたら、緑のイメージが伝わってきているはずなんですよ。だけど、それはすごく弱いシグナルだから、他の入力に埋もれてしまう。横にいる人の顔を見て、「この人、いくつくらいだろう」とか、「今日は機嫌いいのかな」とか、雑多な情報がいっぱい入ってくるせいで、せっかくその人が伝えてくれている「緑」というシグナルが、弱すぎて伝わってこない。

たぶん「気の感応」というのは、表現としては感受性を研ぎ澄ますとか高めるというよりも、感受性の機能を妨げているノイズをどうやって効かなくするか、ということだと思います。感受性を高めるって言われたって、どうやったらいいか見当がつかないけれども、ノイズをキャンセルするって言われれば、何かいろんなやり方でできるんじゃないかなって気がするんですよね。

たとえば、呼吸に集中すると、たしかにノイズがパーッと消えていくことがありますよね。あるいは、一つだけの入力に集中して、それ以外の情報入力を全部シャットアウトしてしまう。あるいは、そこにないものをイメージして、他のものを全部消してしまう。すると、そこにちょっと弱くてもリアルなメッセージシグナルが入ってくると、「あれ？　何かきたぞ」というのがわかるんですね。だから、座禅をしたりとか、呼吸法をしたりとか、阿字観《あじかん》（真言宗の瞑想法）をしたりとか、他にもいろんなやり方があると思うんですが、何か別のものに、ここにないものにふっと気を取られていると、辺りの音が全部スッと消えるということがあるじゃないですか。それが、微細なシグナルを受信するためにすごくいい環境だと思うんですよ。それには、人によって無数のやり方があるような気がするんですよね。

広瀬：そういう意味では、僕は日常的にノイズをキャンセルしている状態で生きています。目が見える人といっしょに街を歩いていると、当然、見える人が僕を誘導するわけですけれども、今の街は視覚情報があふれてますから、やはり見える人というのは、キョロキョロして歩くわけです。すると、意外と音とか、におい（匂い・臭い）などの情報をキャッチしていないことがあります。僕には視覚情報がないので、「あれ？　今、駅のアナウンスでこんなことを言ってたよ」とか、「そこにラーメン屋があるじゃん」とか、相手に教えるなんてことがけっこう日常的にあって。それこそ、前近代、江戸時代以前というのは、視覚にばかり頼ってはいなかったんだろうと思うんです。

大先生の逸話の中で、僕が好きな話があります。鞍馬山の漆黒の闇の中で、相撲取りの天龍と修行する。天龍が真剣で斬りかかってくる気配を察知し、大先生はパッと避ける。まさに真剣勝負、命がけの稽古です。今、実際に内田先生の道場で、視覚に頼らない身体感覚を訓練されることはあるんですか？

内田：とにかく視覚に頼るな、ノイズが多いから頼っちゃだめだってことは言うんですけども、だからといって目をつぶってやれというわけにはいかないですよね。

広瀬：そうですね。暗闇はいいけれど、目隠しをしたりするのはちょっと「不自然」な状態になりますよね。

内田：それはそれで今度は、目をつぶっているせいで、いろんなことが不自由になったぞという、そのノイズがもう大轟音《だいごうおん》みたいになってくるわけで、逆に聴覚とか皮膚感覚という所に十分なリソースがいかないんじゃないかという気がします。なので、目をつぶるのではなくて、なるべく普通に、何でもないことのようにやる。武道の場合、「敵我をみず 我敵をみず」という言葉がありますが、相手がそこにいないと思ってやっていると、ほんとうにすごい力が出るわけですね。

でも結局、僕たちは余計なことをいっぱいやって、結果的にどんどん力が弱くなってくる。そうして相手のいちばん強い所に向かって突進していくという、ものすごく不合理なことをやってしまう。それはもう人間の性なんですよね。相手をみて、相手にこだわって、強弱とか勝敗とか、巧拙を競っていく。そういう風に、相対的な優劣を競う方にすぐに行ってしまうので、それを解除するのはほんとうに難しいんですよね。

◉教育における聴覚の重要性

広瀬：ちょっと武道から離れますけど、学校教育の現場などで障害疑似体験、シミュレーションということで、アイマスク体験をしたり、耳栓をしたりしています。ほとんどが特定の感覚を「使えない」体験です。目の見えない人たちはこんな不自由をしているんだから、じゃあどうサポートしてあげたらいいんだとか、そういうことに「教育」目標が置かれているんですね。それは導入としてはいいんですけれども。

一方、僕なんかはもう四〇年以上「全盲」状態ですから、「使えない」というより、「使わない」という感覚の方が強い。視覚を使わない代わりに聴覚があるじゃないか、触覚があるじゃないかという発想になります。それが今の教育現場だと、「使えない」というマイナスの方ばかりが強調されていて、「使わない」という部分がなかなか伝わらない。現在の障害理解教育には、すごく違和感がありますね。

内田：僕は長く神戸女学院大学で授業をしていたんですが、あそこはウィリアム・メレル・ヴォーリズという人が設計した建物がまだいくつか残っているんですね。そこで僕は授業をやっていたんですけれども、もうほんとうに教育環境として理想的なんですよね。もともと、ヴォーリズは宣教師として日本にきた人なので、教会建築と学校建築を多くやっているんですよね。教会ってオルガン弾いて、賛美歌を歌って、牧師さんが説教するのを聴くという、完全に音声中心の空間ですよね。そこでは結局、声がどれくらい身に染みて聴こえるかということが、死活的に重要なわけですよね。たぶん、それと同じアイデアで学校も造っているので、ヴォーリズの設計した教室って、ほんとうに声の通りがいいんですよ。

声の通りが悪い教室で喋っていると、自分の言っていることがバカみたいに聞こえてくるんだけれども、ヴォーリズの教室では、何となく喋る声がすごくいい感じで響いて、そこにいる学生たちの体の中に染みこんでいく、いい音がするんですよ。逆に、学生たちが発言する時も、小さな声でつぶやくように喋っても聞き取れるんですよね。喋ろうかなと思って、息を吸いこんだりとか、口をちょっと開けて声門がカパッと開いたりだとか、それくらいのニュアンスもヴォーリズの教室にいると聞き取れるんですよね。

そうすると、今、この子が喋ろうとしているって、みんながパッと見つめるでしょう。そこからつぶやくように語り出していって、そういう時って言葉に詰まって沈黙しても、それはすごく豊かな沈黙なんですよ。この子は次の言葉を一生懸命考えていて、あと何秒かしたら新しい言葉が泡のように湧いてくるんだ、その期待を込めて、みんな見つめている。

その時にですね、聴覚環境・音声環境って教育にとっていちばん大事なんじゃないかなと思ったんですよ。それから、いろんな学校のいろんな教室を見たんだけれども、音声環境というのに配慮して設計した建物ってまずないんですよね、じつは。採光とか遮音とか動線とかについては、計算してるんだけれども、音に関していうと、最新の、とにかくコンクリートとガラスだけみたいな建物というのは、音が悪いんですよね。

広瀬：音の話をまさかここまでお聞きできるとは思っていませんでした。僕は視覚障害者なので当然、音に敏感です。いろんな所で講演させてもらう時にも、やはり声の通り方や響き方は気になるし、聴衆の気配というのは皮膚で感じているわけです。グッと聴いてくれているのか、ボーッとしているのか、それこそ咳払いの音であったり、パラパラと紙をめくる音であったり、そういうのを聴きながら、目には見えない聴衆の心を意識して喋っています。ほんとうに、そこも「気の感応」だと思うんですけれども、僕が良い「気」で喋っていると、聴衆の側も良い「気」になって、みたいなことを体験するんです。今も時々オンラインで講義とか講演をすることがあるんですけれども、聴衆の存在が感じられない中で、自宅や研究室にいて一人で喋っていても、ぜんぜん盛り上がらない。対面による「感応」が早く戻ってきてくれよ、と痛切に思いますね。

◉聴覚情報がもたらすもの

広瀬：僕が今通っている少林寺の道場では、コロナ対策で一時期、師範がオンラインで稽古をつけていましたが、内田先生の所もオンラインで稽古されていましたか？

内田：ずっとやっていました。初めは「カメラで撮った稽古を見て、役に立つのかな」と思っていました。でも、「見取り稽古」というのがあって、道場でずっと座って他人の動きを見て学ぶんですが、あれはオンラインでもできるわけですよね。実際に、どたばた動くより、ほんとうに上手な人の動きをずっと見ている方が役に立つわけで。久しぶりに道場にきた門人の動きがよくなっているんで、なぜこんなにうまくなっているのかなと思っていたら、彼は三〇回もオンラインで稽古動画を見ていたんですね。こんなに変わるんだ、たいしたもんだなと思いました。

武道のオンライン、身体技法のオンライン、あれはあれで、ただ単に見ているわけじゃないんですよね。見て、誰かの体に同化していって、その中に想像的に入りこんで、その人が経験している筋肉の動きとか、骨の動きとか、皮膚感覚とか、足の裏が畳をさわってる感じとか、道着が肌に触れる感じとかを追体験している。「見取り稽古」においてはオンライン稽古も有効でしたね。

広瀬：今、お話をうかがっていて気づいたことがあります。僕たちが本を読む際、音訳図書を利用するケースが多いです。全国のボランティアが音訳してくれた録音データが登録されている、視覚障害者用のインターネット図書館があります。僕たちは目で文字を読む読書じゃなくて、耳から聴く読書を楽しんでいるわけです。内田先生の本というのは、耳で聴いていると、先生と一体化して話を聴いているような感じで、すごく入りやすく、心地がよくて。いつも読者に語りかけるような口調で、「こんにちは、内田樹です」という調子で始まりますよね。先生の本は音訳、耳の読書に最適だと思います。

内田：そう言っていただけると嬉しいです。僕の本は音読を前提に書いているところがあるので。

広瀬：ほんとうに、文章というか先生の息遣いがスーッとこちらの体内に入ってくるんですね。

内田：変な話、言い方次第なんですよね。自分がこれまで考えたこともなかったみたいなものを、耳から聞かされると、音の運びによってはスッと入っちゃうことがあるんですよね。音読に堪える文章というのは、皮膚の隙間から無理やり染みこんでいってしまう。脳に向かっていくと、脳のスクリーン機能って、わりときついので、そこで免疫機能が働いて、他者をパンッと排除しちゃうんですけれども、体の方はそこら辺が緩くて、頭で理解できないことでも、音声的にだったら入ってきちゃうことがあるんですよね。

僕の場合、そこしか狙い目がないんですよ。僕の話って、だいたい変な話で、あんまり他の人がしていない話なわけだから、「そんな話、聞いたことないよ」となる。聞いたことがない話を聞いてもらうためには、やはり「気がついたら聞いてたよ」とならないと困るので、「みなさんこんにちは、内田樹です」という所から、喋るように始めているんです。

だから、僕は原稿をリタッチする時に、音読してすらすら読めるように直すんですよね。たとえば、語末の音をちょっと揃えてみたりとか、息遣いが楽なようにとか、場合によってはたたみかけるようにやったりとか、そういう風にして、音読して身体的に気持ちがいいリズムにするために一生懸命直す。だから僕の場合、中身のコンテンツを直すというよりも、コンテナの方の角を削るという作業が、原稿のリタッチですね。

広瀬：僕が文章を書く時には、スクリーンリーダー（画面読み上げソフト）を使って、パソコンの画面に出てきた文字を音声で確認します。入力も音声を聞きながら、キーボードをガチャガチャ操作します。ちょっと格好つけて言うと、自分の声が聞こえるような文章を書きたい。常に音で確かめ、音で伝えることを意識して書いているので、今日は内田先生のような達人にお墨付きをいただいて、なんだか嬉しいです。自分がやってきたことは間違いではなかったという自信を得ました。

先ほどのオンラインの話に戻りますが、僕は基本的にずっと、授業や講演でスライドや動画を使わないスタイルを貫いてきました。「見せるんじゃなくて聴かせる講演をするんだ」と言っていたんです。でも、コロナ禍でオンラインになった時に、「画面上の僕の顔をずっと見ていてください」と言えるほど、顔にも喋りにも自信がありません。しぶしぶながらという感じで、簡単なスライドを作ったりするようになりました。そうしたら、ある受講者から「何も見せないで聴かせるだけの方が、かえって新鮮だ」と言われました。そこからはもう開き直って、視覚に頼らず、しゃべくりだけで勝負する講演にしています。内田先生はスライドを使われますか？

内田：僕はまったく使ったことがありません。ホワイトボードも使わないし、配布資料もありません。落語と同じで、とにかく高座に上がって、寄席のお客さんを見回して、ちょっとマクラを投げていって、食いつきが良かったら「ああ、このような話が聞きたいのかな」って、その話をする感じです。

スライドを使う人って、たぶんラジオでは無理だと思うんですけれど、僕の講演とか授業って、ラジオでも百パーセントＯＫなんです。

広瀬：ラジオの話が出る時によく思うんですけれども、僕たちが子どものころって、ラジオを聴いて、いろんな情報が体の中に入ってきて、そこでイメージを広げていたわけじゃないですか。今はネット社会だから、スマホでもタブレットでも画像・映像を見ないことには何も始まらない。だから、画像を見ないでイメージを膨らませる想像力・妄想力というのがすごく鈍化しているような気がするんですよね。

内田：言葉で説明するより、画を見せればいいって、ものを見せちゃうと、そのものがどんなものかということを説明する能力って要らなくなるわけですよね。便利は便利だけれども、説明能力が落ちていく。形象であったり、色彩であったり、手触りであったり、どんなものでも、お見せできないけれども、言葉でなんとかお伝えしたいという時にこそ、表現力とか語彙力ってすごく高まると思うんですよね。

たとえば、僕が師匠の多田先生の動きについて語ろうとする時に、「じゃあ、動画をお見せします」と言ってバッと見せちゃったら、たしかに百万語を費やすより早いわけですが、僕としてはそこに百万語を費やしたい。画じゃなくて、言葉でなんとかお伝えしたいと思うわけです。そうして、ずっと努力していると、だんだん動きを説明する語彙が獲得されていくんですね。

広瀬：ちょうど昨日、僕は盲学校の先生方の研修会で喋っていたんですけれども、盲学校の授業というのは、「これを見てください」と言っても誰にも通じないわけですから、「こそあど」言葉厳禁です。じゃあ、「これ」をどう言葉で説明するか、そこは特殊教育の蓄積というのがすごくあって。いつも僕は言うんですけれども、特殊教育とか特別支援教育とかっていわれますが、特殊でも特別でもなくて、むしろ、いわゆる障害のある人たちのために行われている教育というのが、じつは普遍性を持ったものだし、マジョリティの側がそこから気づきを得ることはたくさんあると思うんですよね。昨今「インクルーシブ教育」といって、障害がある子も地域の学校に通うという流れが進んでいますが、逆に少数派の方が多数派を巻きこんでいくみたいな、そんな発想がもっとあるといいなと思うんですよね。

内田：そうですね。僕はラジオで言っちゃいけないことを言いまくるので、語彙力に文句をつけられるんですけれども。まさに「これ」の話なんですよね。でも、言ったってかまわないと思うんですよね。

広瀬：そうですよね。僕も目の見える人に対しては「これ」「あれ」を連発してます。「こそあど」の情報伝達は速いし、それで共通理解が得られるなら問題ないでしょう。

内田：「今日、先生ちょっとやばいんじゃないですか、その顔色。どうやばいかと言いますと……」。こんな風に、視覚情報を口頭で伝えてはいけないなんていう縛りなんかないわけですよ。正確に伝えるということよりも、オーディエンスの頭の中で妄想がどんどん広がっていくようなスイッチを、ちょっとした言葉で入れるということがあれば、何やってもいいと思うんですよね。ラジオでは、目に見えるものについて喋ってはいけませんと言われると、「それはないよ」という気がして、つい「これ」って言っちゃうんですよね。

◉言葉と身体

広瀬：僕の勤務先の国立民族学博物館には、視覚障害のお客さんを案内するボランティアスタッフがいるんですが、その人たちの研修の時に必ず訊かれるのが、「見えない人に対して、色の説明をどうするか」ということです。「目が見えない人は色がわからないから、あんまり色のことを話さない方がいいんですか」と言われたりもするんだけど、色というのは当然、人類の文化の中で重要な役割を果たしてきたわけです。それこそ、マジョリティの側とコミュニケーションする上で、やはり色の情報というのは視覚

郵 便 は が き

料金受取人払郵便

本郷局承認

5929

差出有効期限
2025年3月31日
まで
（切手不要）

113-8790

（受取人）
文京区本郷1―28―36
鳳明ビル1階
株式会社三元社　行

1 1 3 8 7 9 0　　17

お名前（ふりがな）	年齢
ご住所（ふりがな） 〒 （電話　　）	
Email（一字ずつ正確にご記入ください）	
ご職業（勤務先・学校名）	所属学会など
お買上書店　市 区・町　書店	

20230214/1000

愛読者カード

ご購読ありがとうございました。今後、出版の参考にさせていただきますので、各欄にご記入の上、お送り下さい。

書名

▶本書を何でお知りになりましたか

□書店で　□広告で（　　　　　　　　）　□書評で（　　　　　　　）
□人からすすめられて　□本に入っていた（広告文・出版案内のチラシ）を見て
□小社から（送られてきた・取り寄せた）出版案内を見て　□教科書・参考書
□その他（　　　　　　　　　　　　　　　　　　　　　　　　）

▶新刊案内メールをお送りします　□ 要　　□ 不要

▶本書へのご意見および今後の出版希望（テーマ、著者名）など、お聞かせ下さい

●ご注文の書籍がありましたらご記入の上お送り下さい。
（送料500円／国内のみ）
●ゆうメールにて発送し、代金は郵便振替でお支払いいただきます。

書　　名	本体価格	注文冊数
		冊
		冊

http://www.sangensha.co.jp

障害者も知っておくべきなんですよね。

ただし、色を説明する時に、どんな言葉を用いるのかは大切です。もうすぐ、ＡＩが色の説明とか、いくらでもするようになるでしょう。客観的（機械的）なＡＩじゃなくて、あなたが感じている「どぎつい赤」だとか、「すごくきれいな青」だとか、そういう主観表現を交えて、自分の言葉で伝えてくださいってお願いしてるんですよね。　伝えたいという意欲を持って、言葉のセンスを磨くのが大事だなと思います。

内田：言っていいと思うんですよね。だって、他の言葉にしてみても、聞いた側にその言葉の意味がわからない、概念像が創れない言葉って、いっぱいあるわけじゃないですか。それはどんどん言ってかまわないと思うんですよ。「こういうものがある」と、ついに知らずに終わる人もいるかもしれないし。

たとえば、一神教における「主」という概念なんていうのは、はたして日本人が理解できるかどうか。でも、まあ聖書を読むと「主」というのが出てくる。この超越性って、ずいぶん生々しい超越性だし、すごい父権制的なニュアンスもある。聖書の「主」に対応する概念って、普通の日本人の中にはまったくないわけですよね。でも、ずっと読んでいくと、どうも世の中には、私の中には対応する実感はないけれども、そういうものがあって機能しているらしいと。この「主」という言葉を、どういう文脈で、どういう時に使うのか、何となくわかってくる。ついに自分の中に着床することはなかったが、その言葉の使い方がわかる。そういうこともあると思うんですよね。

視覚障害の人にとっての色彩とか形象というのも同じで、自分の中には対応する概念や実感はないけれども、でもその言葉がどういう文脈で使われて、人にどういう影響を与えて、どういう感動をもたらすのか。それらについてはわかるということですね。

広瀬：また合気道の話に戻ります。もともと、僕は京都で三年くらい合気道を稽古しました。そこで受身とか基本的な動作をのんびり教えてもらって、四年目くらいから大阪の道場に移ったんですね。大阪の道場は人数が多いし、高段者もたくさんいて、「はい次、はい次」みたいな感じで、難しい技をバンバンやっていくんですね。「ぜんぜんわからないうちに、次の技にいっちゃったよ」みたいなのが一、二年くらい続いたんですけれども、ふと気づいたら、ある程度動けるようになっていた。だいたい「ああ、こういうことか」というのが二年くらいしてわかるようになりました。言葉もそうですけど、体に蓄積されていたものが、だんだん自分のものになってくるという感覚はすごくわかりますね。

内田：言葉と身体の関係というのはすごくおもしろくて、身体という具体的な自然物があって、ある種の自然法則に従って動いているわけなんですけれども、それとは別に、脳の中には体についてのいろんな語彙が存在していて、脳が運動指令を出すと体が動くんですよね。

たとえば「入り身投げ」なんていうのは、言葉としては一つの単語に過ぎないんだけど、僕の場合、ある種の皮膚感覚と対応しているんですよね。ある所の接点がどういう感じになって、足裏がどんな感じになってきて、体幹がどんな感じになっているかという、ある種の触覚的イメージと言葉がつながっているんです。視覚情報を飛ばして、言葉と身体感覚が直接つながっている。そうすると、言葉を発した瞬間に体が動きだすんですね。場合によっては技が終わった瞬間のイメージがまず先にきて、その後「あっ、ここにいくためには、その前にこんなことがあって」というのがきて、最初に動きだす時の相手の小手を取った瞬間の感じがくる。通時的というのか、ものすごい断片的な身体印象みたいなのがドンとくるんですよね、ある言葉だけで。

おもしろいのは、握られた手を持ち上げる時に、相手の手を持ち上げようとして動くのと、自分の手を上げようとして動くのって、ぜんぜん違うんですよね。相手が握ってるわけだから、相手の手を上げるのも、自分の手を上げるのも同じ動作のはずなんだけれども、「自分の手を上げる」という言葉にした瞬間に、動きの質が変わるんですよね、初心者でさえも。言葉と身体のつながりは、合理的な回路を辿っていくんじゃなくて、ある言葉を言った瞬間に、システマチックじゃなくて、断片的にものすごいリアルなイメージがパッと上がってきて、それをうまくつかまえると、体が精密に動くようになるということがあるんです。

僕の指導は、動いているよりも、喋っている時間の方が長いんですよ。ありとあらゆるタイプの言葉遣いをしてみるんですけれども、ほんとうに言葉の使い方一つで、動きががらっと変わるんですよね。前に「横面打ち四方投げ」を教えている時に、手をスッと前に出して、横面へ打ってくる相手の手を制するという動きがあるんだけれども、これがみんなできないんですよね。相手に応じて体が動いてしまって、体が崩れちゃうんですよ。相手が主で自分が従になってしまう。自分が主になって動くにはどうしたらいいんだろうと考えている時、ふと思いつきました。「桜の花びらが上からはらはらと散ってきたと思って、手のひらに花びらを受けとるような感じで、ひょいと手を出してみてください」って言ったら、動きが一斉に変わったんですよね。非常に見事に武道的な動きになったわけです。

でも、考えてみたら当たり前で、桜の花びらに向かって手を出す時なんて、腕にまったく緊張がないですよね。花びらって、わりとランダムな動きをして、ちょっと風が吹いてもどっか行っちゃうから、どんな変化をしても大丈夫なように、可動域を広く取って自由度を上げておかなきゃいけない。それに、よほど皮膚の感覚を敏感にしていないと、手のひらに花びらが乗ったかなんてわからない。

だから、肘とか、肩とか、上腕二頭筋とか、胸から上の筋肉って、ほとんど何にも力が入ってない状態にしなきゃいけない。そして、末端の感覚を敏感にするために体幹を張っていないといけないんですよ。でも変な話ですけれども、「体幹を立てろ」とか「体軸を通せ」とか口で言っても、体幹も体軸も解剖学的な実体としては存在しないので、例えようがないんですけれども、手のひらに桜の花びらが落ちるというような、そういう想像的な入力を与えると、不思議なことに体がピンと立つんですよね。

桜の花びらが手のひらに散ってきたと想像することで起きたのは、腕の力が全部抜けたというのと、体幹がきれいに立ったってことですよね。そうすると武道的な動きとしても、きわめて適切なものになっていた。この時、言葉である種の身体イメージを与えることは、まことに有効であると思いました。

◉危険を察知する体を創る

『季刊民族学』編集部：よく「体は知っている」と言いますよね。頭で考えてることとはぜんぜん別の感覚を身体から感じる時があって、しかも結局そっちの方が正しかったりするんですよね。

内田：頭ではこうしなきゃいけないんだって言ってても、なんか腑に落ちないとか、逆に腑に落ちるとか、そういうのって全部、身体語彙ですけれども、これは明らかにこっちの方が正しいんですよね。僕は基本的に必ず身体反応の方を優先するようにしています。

広瀬：僕はよく語呂合わせで「気配は気配りなり」って言うんです。アメリカとかで怖い所に行っちゃったり、迷いこんだりした時に、やはり何か肌で感じるものってあるんです、「危ないぞ」と。それを合気道的に言うと、自分が八方に「気を配って」、そこから得られた「気配」を把握しているんだと思います。これは道場でペアで稽古する時も同じで、僕が投げ技をする際、稽古をしている他の人の方に投げちゃったら申し訳ないから、まず投げようとする瞬間に気配りをして、大丈夫そうな方向に投げる。道場の壁に自分がぶつかりそうになる時もあって、そういう場合も、自分の気を配って、こっちに転がればいいというのがわかる。当たり前ですけれど、人間って痛い思いをしたくないので、自然にそういう「体で感じる」ことができるようになったんじゃないかと思いますね。

内田：そういうレーダーみたいなものって、明らかにありますよね。今、「正面打ち入り身投げ」の稽古をしていますけれども、「諸君がこれを使うことは、たぶん一生に一度もありません」と言っています。そんな技を使わなければいけない状況に立ち入ってはいけないんですね。合気道家の名誉は、「合気道の技をついに一生に一度も使わなかった」ということなんです。

そうやってレーダーの感度がよくなってくると、やっぱり世の中って、ほんとうにリスクがとても多いわけなので、なるべくリスクの少ない仲間内で、みんなといっしょに何の危険も感じないでいる方がいいと考えるわけですね。感受性を高める上では、安全な環境にいた方が絶対いいんです。

大学で教えていた時、「内田先生は神戸女学院をどんな学校にしたいんですか」と訊かれて、「温室です」って答えたんです。温室じゃないと感受性が育たないから。目に見えるものが毒々しくて、耳に聴こえる音がうるさくて、嗅ぐにおいもイヤで、さわるものも感じが悪いって所で、感受性を高めると、不利益が増えるばかりだから、自らを守ろうとして、どんどん感受性が鈍感になっていく。とにかく、僕が学生たちにいちばん望んでいるのは、全身の感受性を高めて、微細なシグナルも感知できるような心身を創ってもらうことなので、そのためには学校環境は温室であることが必要なんですよ。絶対、君はここでは傷つけられない、気持ちいいことしかないという。目を開けばきれいなものが見えて、耳を澄ますと美しい音が聴こえて。ものにさわると、いい香りがして、手触りが優しい。そういう環境というのが、教育においては、たぶん最優先だと思うんですよね。

この「凱風館」を造る時も、「日本でいちばん快適な合気道専用道場」にしようと考えました。目に見えるものも、耳に聴こえるものも、嗅ぐにおいも、さわるものも、もっとも気持ちのいいものにしよう。そうなったら、身体感受性というものをいくら高めても、不利益を被らない空間になる。武道の場合、動く時って瞬間的に短い瞑想状態に入るわけだから、その時に「臭い」とか「暑い」というのはまずいので、冷暖房完備にして。他の人から「あんたのとこ、ちょっと緩すぎないか」「修行ってのは、そんなにぬるいものなのか」って言われたことがあるけれども、「そうです」と。僕が求めているのは、べつに筋骨を鍛えるとか、忍耐力を強めるとかじゃなくて、身体感受性を高めていって、どんな微かなシグナルでも見逃さない人間を創りあげていくことなので。

すると、わずかな危機の徴候でも見逃さないので、けっして危ない目に遭わない。たとえば、微かに「助けて」って声が聞こえたら、あそこに支援を求めている人がいると気がつく。それは集団が生きていく上で、すごく大事な力だと思うんですよ。冷たくても平気とか、痛くても平気というような頑健な体を創るよりも、そちらの方が僕は、武道的な身体の形成ということでは目的にかなってるという気がするんですよね。だから、めちゃくちゃ快適な道場を造ってしまおうって。

広瀬：「温室」という話で想起されるのは、盲学校の教育環境です。聾学校なども同じだと思いますが、いわゆる特別支援学校というのは、読んで字のごとく「支援学校」なので、僕たちにとっては居心地がいいわけです。理解ある先生がいて、盲学校でいえば、聴覚とか触覚を存分に使って世界と触れ合う方法を学ぶ。「そんな温室でほんとうにいいのか、世間は厳しいんだから、現実社会を見据え、インクルーシブ教育で揉まれる方がいいんじゃないか」などとよく言われます。でも、温室でじっくり身体感覚と感性を磨いて、そこを土台にして社会に出ていく。僕はそれでいいと思っているんですね。だから、人生の一定期間において、温室が必要だということはすごく共感しますね。

そういう意味で、最近の温室と社会の関係について、疑問を感じることがあります。たとえば、視覚障害者の安全な歩行についてです。僕たちが外出する時に、いっしょに歩いてくれるガイドヘルパーさんの制度を充実させたらいいじゃないかとか、あるいはスマホのアプリなどで、ルート検索を含めて、視覚障害者が歩きやすいようなアシスティブテクノロジーを開発しようみたいな流れがあります。もちろん否定はしないし、便利なものができればありがたいと思います。

一方、身体感覚を磨くという意味で、やはり僕たちは杖を持って一人で歩かないといけないと思うんですよね。温室を出て、一般社会の物理的・精神的な障壁とぶつかって怪我をするとかも含めて。ぶつかって怪我をすれば、次は痛い思いをしないように歩こうってなるわけですから。そうやって歩くことによって、全身の感覚が鍛えられる。どんなにテクノロジーや福祉制度が進歩しても、そこの部分は大事にしないといけないなと思っています。

内田：そうなんですよ。教育には段階があって、いちばん最初の段階というのは、とにかく安心できる環境ですね。「周りにいる人を全部信用していいんだよ、もう委ねてかまわないからね」という環境。その中で育てていって、ある時点になった時に、「世の中には信じちゃいけない奴がいる」と教えるんですね。その判別法というのを身につけなきゃいけないけど、これは同時には教えられないんですよね。やっぱり一〇歳くらいまでは、ほんとうに無邪気で無防備な状態というのがないと、人間の持ってる資質って、伸びないんですよね。無防備って、クリエイティブということと表裏一体なので、破格に創造的な人というのは、だいたい子どもっぽいくらい無邪気な人が多いんです。

でも、深く傷つかないためには、その次に危険を教えなきゃいけない。そのバランスがうまくとれていくと、無邪気だけども怪我しないタイプの成人ができると思います。今おっしゃった、盲学校で「温室」だけれども、その後にある程度危険を知って、その次にできるだけ無防備に歩いて、かつ怪我しないという境地になる。今、広瀬さんがめざされているところですね。

広瀬：視覚障害の仲間に合気道をやったらいいのにってよく言うんですけど、意外といないですね。視覚障害者柔道は盛んで、パラリンピック競技にもなっています。でも、そもそも試合をしないのが合気道の魅力ですから、パラリンピックにはなじみませんね。

内田：広瀬さん、凱風館にいらっしゃいませんか？

広瀬：かなり惹かれています。僕が目標とする「無視覚流」の極意に近づくヒントを得られるような気がします。

内田：楽しいですよ。もともと、うちは神戸女学院大学の合気道部を母体として創ったんで、高段者がほとんど女性なんですよ。ゴリゴリした力持ちの人がぶん投げるということはあまりなくて、術理を一生懸命研究していくというタイプの所なので、ぜひ今度合気道の稽古にもさわりにきてください。うちは琉球表の畳を使っていて、壁は漆喰と美山杉で、天井も杉で、ほぼ全部が自然素材なんですよね。だから、さわった時に、絶対に不快を感じないようにしてあるんです。

広瀬：音の響きも、ほんとうにいいですよね。

内田：自然素材を使っているせいもあるんだと思うんですけれども。畳と漆喰って、音の反響がいいんですかね。ぜひ、道場にきて畳で転がってください。気持ちいいですよ。

広瀬：ありがとうございます。

新展開をめざして

第3部

学際的な共同研究の

9

「ユニバーサル・ミュージアム」な仲間たちの実践事例集

第三部ではユニバーサル・ミュージアム研究の「これまで」と「これから」を整理します。9章は「ユニバーサル・ミュージアム研究会」のメンバーによる多彩な実践事例報告で、『点字毎日』(二〇二一年四月~二〇二三年三月)に連載された『ユニバーサル・ミュージアム』な仲間たち」二四回分の記事をまとめたものです。『点字毎日』は毎日新聞社が発行する週刊の点字新聞で、二〇二二年には創刊一〇〇周年を迎えました。現在では点字版に加え、活字版・音声版も発行されています。本章では、ユニバーサル・ミュージアムの「今」を伝えるレポートとして、新聞掲載時のテキストをほぼそのまま転載しました。記録性を重視して、各レポートへの加筆修正は必要最小限にとどめています。「視覚障害」を切り口として、ミュージアムを変えていこうとする関係者の熱意を読者のみなさんにお伝えできれば幸いです。

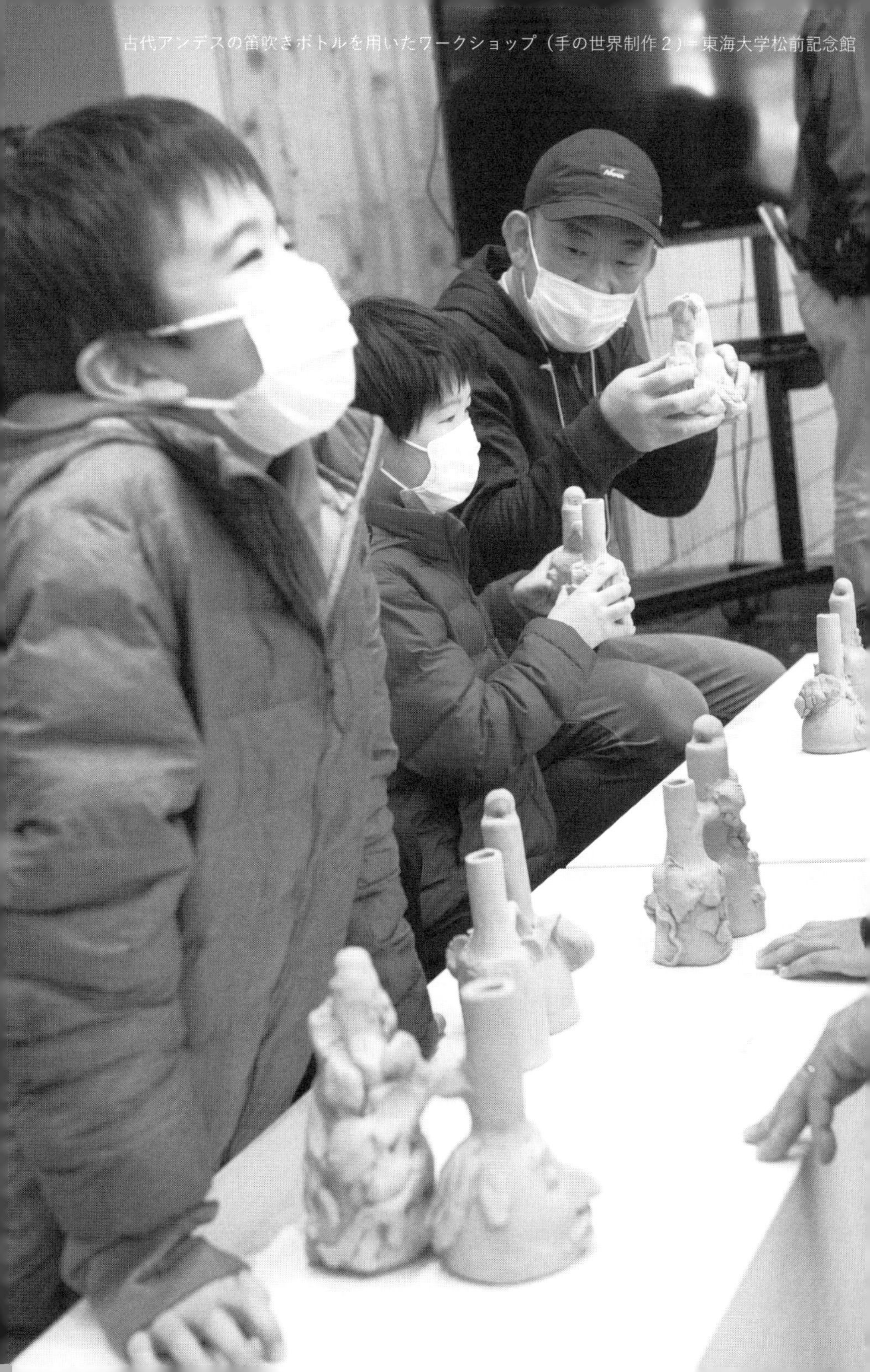
古代アンデスの笛吹きボトルを用いたワークショップ（手の世界制作２）＝東海大学松前記念館

あの手この手で博物館を開く

広瀬浩二郎
ひろせ・こうじろう　国立民族学博物館准教授（執筆時）

僕たちは博物館・美術館に行かなければならない。ミュージアムは見ること、見せることを前提として成立した文化施設である。見て学ぶこと、すなわち見学ができない・できにくい視覚障害者は、博物館・美術館とは縁遠い存在だった。無意識のうちに「文化」から排除されてきたともいえるだろう。そんなミュージアムのあり方を根本から変えていくために、僕たちの手に「文化」を取り戻すために、今こそ視覚障害者が博物館に足を運ばなければならない。

カヌーに触れ、航海気分を味わう

二一世紀のミュージアムでは、社会的弱者に対する支援が注目されている。視覚障害者対応に取り組む館も多い。「ミュージアムに来なかった（来ることができなかった）人々を呼び寄せる工夫をしよう」。こんな意識を持つ学芸員が確実に増えている。これまで、視覚障害者コミュニティには「博物館・美術館は視覚的に楽しむ場所なので、面白くない」という諦めムードがあった。しかし、時代は変わろうとしている。視覚に頼らない「文化」の味わい方があることを僕たち自身が再確認すべきだろう。

近年、「ユニバーサル」という語をよく耳にする。ユニバーサル・ミュージアムとは、「誰もが楽しめる博物館」である。世間一般では障害者・高齢者・外国人などの少数派への配慮を充実させること、それらの個別対応を積み上げることによって「ユニバーサル」が実現すると考えられている。確かに、ミュージアムを訪ねた際、点字パンフレット、音声ガイドがあれば、僕たちはうれしい。だが、バリアフリー的な障害者対応とユニバーサルは異なる。「誰もが楽しめる」を具現するには、社会の多数派である健常者とミュージアムの関係をどうやって、どこまで変えていけるのかを検討しなければならない。視覚障害者対応をきっかけとして、見ること、見せることに偏った

ニュージーランドの穀倉。手で屋根の素材を確認＝ともに大阪府吹田市の国立民族学博物館で（2020年）

――「触文化」今こそ発信

従来の教育プログラム、展示方法に改変を迫る。そこから、新たな「ユニバーサル＝普遍的」ミュージアムが生まれるはずである。

　さわるとは、単なる視覚の代替手段ではない。世の中にはさわらなければ分からない事実、さわると、より深く理解できる事物の特徴がある。これらは「触文化」（さわる文化）と呼ぶことができる。視覚障害者は触文化の専門家、ヘビーユーザーである。新型コロナウイルスの感染拡大により、さまざまな場面でさわることが制限されている。しかし、触れ合いは人間のコミュニケーションにとって不可欠であり、非接触社会から触発は生まれない。こんな社会状況だからこそ、僕たちは触文化の意義を積極的に発信していくべきではなかろうか。ミュージアムは触文化を育て、鍛える拠点となるに違いない。

　現在、各地の学芸員が「ユニバーサル」の意味を探究し、展示・教育プログラムの実践を地道に積み重ねている。本連載では、視覚障害者の受け入れ実績を持つ博物館・美術館の事例を紹介する。「ユニバーサル・ミュージアム」な仲間たちが全国にたくさんいることを知っていただければ幸いである。さあ、あの手この手を駆使して、みんなでユニバーサル・ミュージアムを創ろう。まずは、熱心な晴眼者の学芸員に僕たちの生の声を届けることが大切である。行かなければひらかない、行けば何かが始まる。だから、僕たちは博物館・美術館に行かなければならない！

（『点字毎日』活字版、二〇二一年四月二二日）

東京都江戸東京博物館

さわってたのしむおすすめコース

松井かおる

まつい・かおる　元・東京都江戸東京博物館学芸員

江戸東京博物館は、JR両国駅近く、大相撲でおなじみの国技館と並ぶ四本脚のユニークな建物です。江戸東京の歴史と文化を保存継承しつつ、これからの東京の都市と生活を考える場として、一九九三年三月二八日に開館しました。

常設展示室は五階と六階、天井が吹き抜けになっているワンフロアで、東西一四四㍍、南北約六五㍍、天井高二五㍍の大空間を江戸ゾーンと東京ゾーンに分け、江戸東京の暮らしや文化を大型建築模型、資料展示、体験模型などによって学べます。

二〇一九年三月、筑波大附属視覚特別支援学校の高等部が社会見学で来館されることになり、担当の青松利明先生と事前に打ち合わせて、体験模型を中心に三つの見学コースを設定し、三グループに分かれた生徒が交互に回りました。これが好評だったため、同年四月、東京都立葛飾盲学校の中学部の見学でもこのコースを活用しました。

東京都の緊急事態宣言を受け、常設展示などは休止中ですが、今後の参考に、視覚に障害のある方も楽しめるおすすめコースをご紹介します。

「手で見る展示」コーナーの芝居小屋中村座と凌雲閣の金属製の触察模型

❶日本橋を触る＋大名駕籠《かご》体験（六階）

江戸東京博物館建築外観の触察模型

実物大に再現した江戸時代と同じ木製の日本橋は、橋の勾配を実感できるほか、銅製の擬宝珠《ぎぼし》を触ることもできます。橋を渡った所には津山藩の参勤交代に使われた大名駕籠の複製があり、中に入ることができます。漆塗りの担ぎ棒や駕籠の本体も触察できます。

――纏、乗り物、日本橋…

❷纏《まとい》を振る体験＋棒手振《ぼてふ》り体験＋千両箱体験（五階、江戸ゾーン）

江戸の町火消、す組《ぐみ》の纏が吊ってあり、自由に振ることができます。少し奥の「さまざまな商い体験展示コーナー」には、触れませんが、すし屋台、そば屋の屋台などが並んでいます。その並びの「棒手振」（複製）と「千両箱」（複製）は担いだり持ち上げたりできます。棒手振の籠には、重さも再現した旬の魚や野菜が入っており、これも触ることができます。

❸明治の乗り物＋手で見る展示（五階）

東京ゾーンの出口付近には、ダルマ自転車、人力車、三輪車などの乗り物（複製）があり、乗車したり、触って形を確かめたりすることもできます。すぐ近くの「手で見る展示」コーナーには、建築模型等（日本橋、中村座、朝野新聞社、凌雲閣、神田明神山車）のミニチュア触察模型、さわる浮世絵（歌麿、写楽の大首絵の立体レリーフ）、乗り物のミニチュア触察模型などがあり、各資料に点字付きキャプションを置いています。

江戸東京博物館は設備をはじめ施設全体に経年劣化が進んできていることから、二〇二二年度から大規模改修工事を行います。工事に伴い、同年四月から二五年度まで休館予定です。

休館中に行うアウトリーチ（出張事業）のため、纏の触察模型、すし屋の屋台に並べていたすしの模型、博物館の外観触察模型等を制作しました。

博物館には、休館に入るまでにぜひお越しください。休館中のアウトリーチの準備も進めていく予定です。

（『点字毎日』活字版、二〇二一年五月二七日）

キッズプラザ大阪

遊んで学べるこどものための博物館

石川梨絵

いしかわ・りえ　キッズプラザ大阪ミュージアム・エデュケーター（執筆時）

障害をテーマにした体験型展示「社会コーナー」

大阪市北区にある「キッズプラザ大阪」は、日本初の「チルドレンズ・ミュージアム」として一九九七年に開館し、昨年（二〇二〇年）一二月までに約九六七万人のお客様をお迎えしています。

「自然科学」「芸術」「情報メディア」「世界の文化」「障害」などさまざまな分野にわたり、子どもたちが自ら、触る、動かす、つくることができる参加型の展示物（ハンズオン展示）、ワークショップ、イベントで構成されています。体育館一〇個ほどの広さの館内には、子どもたちの好奇心を刺激する遊びと学びの仕掛けがいっぱい。今回は、視覚や触覚をテーマにしたハンズオン展示とワークショップをご紹介します。

❶ハンズオン展示「手でみる　目でみる」

これは目を使わずに手の感覚で、立体やレリーフ、点図などを探り当てるゲーム感覚の展示物です。そのうちの一つ、「指の迷路」は、プラスチックの溝を切った迷路を、指の感覚でたどるものです。穴の中に手を入れて、一五センチほどの小さな迷路を指で行ったり来たりしていると、まるで大きな立体迷路に体ごと迷い込んだよう？　無事にゴールしたら、明かりをつけてマジックミラー越しに迷路の様子を目で確かめることもできます。触覚は子どもの方が優れているという説もあり、大人の中にはなかなかゴールできない人もいるようです。視覚を使わずに触覚を試す珍しい展示物は、二〇〇四年の設置から現在まで、子どもだけでなく大人にも楽しんでいただいています。

❷ワークショップ「五感発見！くらやみ探検」シリーズ

二〇〇七年度から年に一度、国立民族学博物館の広瀬浩二郎さんと一緒に開催し、これまでに約四〇〇人の子どもたちが参加しています。これは完全な暗闇のなかで、子どもたちが物を触ったり、音を聞いたり、移動したり、何かを作ったり、食べたりと盛りだくさんの約六〇分間のプログラムです。始まる前の子どもたちはおっかなびっくりですが、次第に楽しそうな声が暗闇に響いてきます。

終わった後の子どもたちの感想は、だいたい「こわかった」「ドキドキした」「楽しかった」の三つですが、もう少し詳しく聞いてみると、いろんな声が聞こえてきます。

――触覚を試し 暗闇も経験

「何か分からないからこわかった。でも、何か分かったらこわくなくなった」「目が見えなくても、声や手でいろんなことができるのを知った。触ったりすることで想像するのが楽しくなる」「いつもこんなに見えないのは大変だと思った」「広瀬先生が普通に歩いているのにびっくりした」「点字はどうやって勉強したのかな。勉強したくなりました」「もう一回くらやみに入りたい」

ワークショップ「くらやみ探検」の冒頭で、広瀬浩二郎さん（奥の起立男性）の話をきく子どもたち。照明がつくのは最初と最後だけ。あとは真の暗闇の中で様々な体験をする

この体験を通して、「真っ暗闇では何も分からない、何もできない、だからこわい」という思い込みが、「見えなくても分かる、できる、おもしろい」と変化するようです。自らの感覚や身体を再発見し、視覚障害者へのまなざしが変化するきっかけになっているのではないでしょうか。

当館には、子どもだけでなく、その保護者である大人も一緒に来られ、妊婦さん、お年寄り、外国の方、障害のある方など、多様な方をお迎えしています。フロアでは市民ボランティアの方が遊びのサポートや、ご案内をしています。これからもたくさんの方に親しまれる「ユニバーサル・ミュージアム」を目指します。

（『点字毎日』活字版、二〇二一年六月二四日）

国立アイヌ民族博物館

ケレ ヤン、ヌカㇻ ヤン、ヌ ヤン さわる、みる、きく、国立アイヌ民族博物館

立石信一
たていし・しんいち　国立アイヌ民族博物館学芸主査

昨年（二〇二〇年）七月一二日に民族共生象徴空間（以下、「ウポポイ」）はオープンしました。ウポポイとは、北海道の新千歳空港から南西に五〇キロほど行った白老町《しらおいちょう》のポロト湖畔にある、アイヌ文化の復興・発展のためのナショナルセンターのことです。そして、ウポポイの中に国立アイヌ民族博物館はあります。国立の博物館としては国内八館目で、先住民族を主題とした国立博物館としては国内で初めてになります。

　ここで、今年（二〇二一年）の八月二一日（土）から九月一二日（日）まで、「ケレ ヤン、ヌカㇻ ヤン、ヌ ヤン さわる、みる、きく、国立アイヌ民族博物館」と題した小さな展示を行います。「ケレ ヤン、ヌカㇻ ヤン、ヌ ヤン」はアイヌ語で「さわりなさい、みなさい、ききなさい」の意味です。文字通り資料を見ることだけでなく、さわったり、聞いたりすることによって、博物館についてより知ってほしいと企画しました。

　展示する資料は、全てさわることができます。マキリなど民具を中心に展示します。資料に使われている材料の質感や、木彫の精巧さなどは、さわってみなければ分からないこともあります。見ることの代替手段としてではなく、さまざまな感覚を使ってアイヌ文化、あるいはウポポイを感じるための試みのひとつとして、ウポポイで聞くことができる自然の音や人の営みから出る音なども展示します。展示を通して、ひとつひとつのもの、音にじっくりとふれていただければと思います。

「イタオマチㇷ゚」と呼ばれる板綴舟（いたとじぶね）をさわる

　ウポポイには、博物館と隣接して

樹皮でできた衣服「アットゥシ」をさわる

フィールドミュージアムとしての民族共生公園があります。公園では伝統芸能の上演や、アイヌ文化体験のワークショップなどが常時行われています。また、再現されたチセ（アイヌ語で「家」の意味）のなかではいろりの火を囲み、薪が燃える音、燻《いぶ》されたチセの匂いを感じな

――「ウポポイ」体感して

がらさまざまなプログラムを体験できます。更に、白老の山々から吹き下ろす風を受けながら、ポロト湖では丸木舟を操るプログラムも行われています。

　ウポポイには、五感を駆使してアイヌ文化にふれられるフィールドが広がっています。博物館に展示されている民具資料のなかには、公園内を散策すれば実際に使っている場面に出会えるものもあります。展示期間中には、博物館と公園の連携プログラムなどを計画しています。ぜひウポポイにお越しいただき、博物館と公園を行き来しながら、さまざまな感覚を使ってアイヌ文化とこの土地の気候風土にふれてみてください。

ちなみに、公園の体験プログラムには調理体験もありますが、ウポポイ内にある地元白老の社会福祉法人などが運営しているレストランでもアイヌ民族の食文化に舌鼓を打つことができます。

　ウポポイは、アイヌ文化の復興・発展としての役割はもちろんのこと、「先住民族の尊厳を尊重し、差別のない多様で豊かな文化をもつ活力ある社会を築いていくための象徴」として位置付けられています。こうした目的を持つウポポイのなかにあって、さまざまなバックグラウンドをもった人が集まり、共に働き、そして博物館には何ができるのか模索を続けています。そうした試みの一端を、まずはさわって、みて、きいて感じ取ってほしいと思います。

（『点字毎日』活字版、二〇二一年七月二二日）

滋賀県立陶芸の森

やきものあれこれ　感じる信楽

宇野晶

うの・あき　滋賀県立陶芸の森／世界にひとつの宝物づくり実行委員会調整員

滋賀県立陶芸の森は一九九〇年、「信楽焼の町」信楽町（現・甲賀市）に開設しました。約四〇ヘクタールの園内には、四つのエリアがあります。さまざまな展覧会を行う陶芸専門の美術館「陶芸館」、町内の信楽焼製品を展示・販売する「信楽産業展示館」、世界の作家が滞在し、制作を行う「創作研修館」、野外陶芸作品が点在する「広場」です。

教育普及活動としては、学校、美術館、サポート機関が連携し、主に出張授業に取り組む「子どもやきもの交流事業」と、来園制作、見学、支援学校・学級への出張授業を行う「世界にひとつの宝物づくり事業」を総称し、「つちっこプログラム」というねんどを用いた体験プログラムを展開しています。この特徴は、信楽で活動する陶芸家が、講師として講座を担うところです。毎年一万人ほどの子どもたちが参加しています。

見学プログラムのおすすめは、「陶芸館」「窯の広場」「つちっこ！なるほど！やきものコーナー」です。陶芸館は、触察コーナーの常設がありません。展覧会の趣旨によって収蔵品の触察コーナーが設置されることがあります。

「窯の広場」には、さまざまな薪窯《まきがま》が並んでいます。ここでは、現在の穴窯のルーツとされる金山写窯《かなやまうつしがま》や今も使って

来園制作・見学に訪れた関西学院大阪インターナショナルスクールの子どもたちを、薪窯の中に入って解説案内

いる登り窯に入り、触ってもらいます。薪で何度も焼かれた窯の内部は、とても変化に富んでいます。見た印象と違い、触って初めて分かることがたくさんあります。ある小学生が「信楽焼の中にいるみたい！」と言ってくれたのが印象的でした。

「つちっこ！なるほど！やきものコーナー」は、信楽焼の土の成り立ちである古琵琶湖層のお話から、やきものの工程や種類の展示、薪窯焼成された大壺やたぬきなど、展示物全てに触ってもらえる常設コーナーです。全てに点字の解説文がついています。中でも、「ためしてなっとく！たぬきの八相サイコロ占い」は、子どもたちに好評です。たぬきの体の特徴や持ち物が八つの縁起物であるところから、サイコロの出た目の数が今日の運勢というものです。八面体のサイコロと八つの縁起物は、全て土鈴で作ってあります。これは陶芸家たちの手作りで、ねんどの種類と焼成の違いにより、それぞれ音が異なるのも面白いところです。

例年ですとたくさんの子どもたちに体験してもらうこのコーナーも、コロナ禍で昨年度は案内を休止し、今年度は少人数の学校のみの対応となります。

出張講座（滋賀県立視覚障害者センター）での、やきもの触察コーナー

——四　エリアで触察体験

直近の出張講座は、滋賀県立視覚障害者センターへの大人向け講演会でした。やきものコーナーの展示物を持参し、触察コーナーを設置しました。陶芸家で当方のスタッフでもある宮本ルリ子の信楽焼についての講演の後、参加者に触察いただきました。参加者からは「たくさんの触る体験ができ、とても魅力的な講座だった」「知識と体験が融合して、更に興味が湧いた」「信楽の土、登り窯の形に初めて触れてうれしい」「触りながら釉薬《うわぐすり》の色を想像して楽しんだ」「信楽に行ってみたくなった」等の感想をいただきました。

こうした講座や出張授業がきっかけで、遠くに感じていた信楽の町や陶芸の森に足を運んでいただけると幸いです。

（『点字毎日』活字版、二〇二一年八月一九日）

ヴァンジ彫刻庭園美術館

私たちが生きる時代のエネルギーに触れて

岡野晃子

おかの・こうこ　ヴァンジ彫刻庭園美術館副館長

日本各地には、一人の作家の歩みをたどれる個人美術館が数多くあります。そうした美術館の魅力は、初期から晩年に至るまでの作品を通して、作家が一貫して追求した表現への理解を深め、一歩踏み込んだ鑑賞ができることです。静岡県長泉町《ながいずみちょう》クレマチスの丘に位置する「ヴァンジ彫刻庭園美術館」は、イタリアの現代彫刻家、ジュリアーノ・ヴァンジの個人美術館です。二〇〇二年に富士山麓の四季折々の自然を感じる場所に開館した当館は、両手でそっと包み込める小さな作品から、彫刻内部に鑑賞者が入り込める大型作品まで、多様なサイズや素材による彫刻約五〇点を常設展示しています。その多くは触察で鑑賞でき、視覚障害者の方々にも安心して来館いただけるよう、触知図のほか、日本の美術館による初の試みとして、「ナビレンズ」という視覚障害者向けのアプリに対応しています。

ミケランジェロも使ったとされるカッラーラの白大理石による彫刻を触察し、語り合う

ジュリアーノ・ヴァンジは、一九三一年、イタリア・フィレンツェ近郊に生まれました。ヴァンジは、イタリア彫刻における人間表現の伝統を受け継ぎ、現代における人間の苦しみ、悲しみ、生きる喜びや希望など多面的な心のありようを石、木、金属といった多様な素材で表現しています。今年（二〇二一年）九〇歳を迎え、今も精力的に制作活動に取り組む彫刻家は「社

会の未来を担う子どもたちには、母親に触れるように、彫刻に触れてほしい」と語ってきました。「彫刻に触れることは、子どもの成長を育むことにつながる」とも言っています。彫刻の素材である石や木などの自然物は、私たちよりも長い時間を経て存在し、彫刻家によって形づくられ、美術館や広場などの公共の場に展示されてきました。ある日本の石彫家も

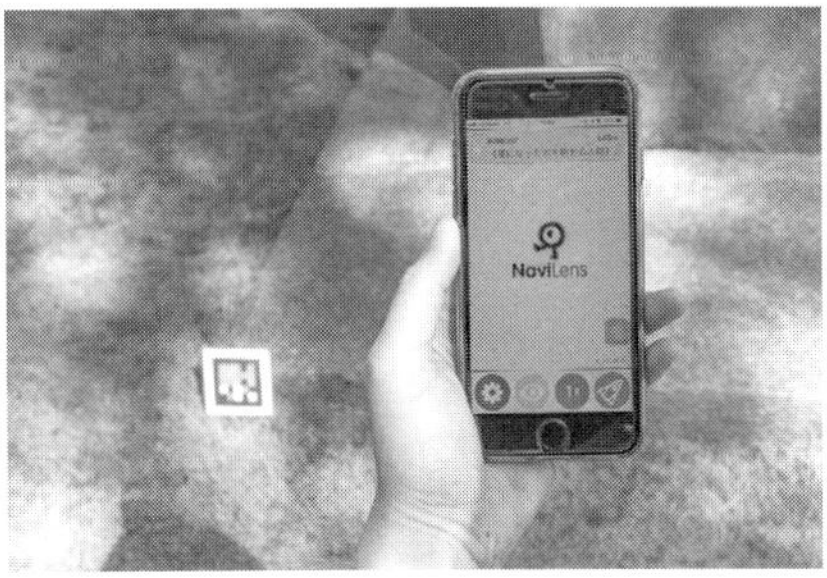

視覚障害者向けのアプリ「ナビレンズ」。スマートフォンに無料のアプリをダウンロードし、カメラを周囲に向けてかざすと、近くのタグに含まれている情報が得られる

――国内初　ナビレンズ対応

「彫刻は神社の御神木のように、人々の心の拠り所のような存在となる可能性を秘めている」と指摘しています。古き良き時代の建築物が失われつつある現代社会において、私たちの心を安定させてくれる、いつの時代も変わらずそこに在る彫刻が、以前にも増して必要とされる時代が到来しているのかもしれません。

　現代に生きる私たちは、スマートフォン一つで、世界の全てを理解したような錯覚に陥る、視覚偏重で、スピード重視の社会に身を置いています。一方で彫刻家たちは、目と手の感覚をたよりに時間をかけて作品を形づくっています。鑑賞においても、さまざまな角度からじっくり作品を見て味わうことが求められます。彫刻美術館には、街中では感じられない緩やかな時間が流れているのです。当館では、二〇二一年一〇月二三日から八人の作家による石彫作品を、触察で鑑賞いただける企画展「すべてのひとに石がひつよう」を開催する予定です。私たちは太古の昔から、祭祀や儀式のため、また豊穣多産の願いを込めて石を彫り、形をつくってきました。現代の作家たちも、石という素材と対話を重ね、制作しています。一見不可解な現代作家の作品も、時間をかけて丁寧に触察すれば、私たちが生きる時代のエネルギーを感じ取れるかもしれません。

　この展覧会では、見える人と見えない人がともに五感を刺激し合い、石という確かなものに触れ、彫刻という名の「世界の一部」と出会える場になればと願っています。

（『点字毎日』活字版、二〇二一年九月二三日）

木製の「さわる地図」。イタリアにあるオメロ触覚美術館の触知図を参考に制作した
＝ヴァンジ彫刻庭園美術館

視覚に障害のある方とのプログラム風景。触察や対話を主としながら、2、3名のグループで鑑賞。プログラムの終わりに、全員で感想や発見を共有し交流を図る＝愛知県美術館

愛知県美術館
触れて深める　対話と共に

藤島美菜　ふじしま・みな　愛知県美術館主任学芸員

愛知県美術館は一九九二年一〇月に名古屋市の都心、栄にオープンした、愛知芸術文化センター一〇階にあります。八階には貸ギャラリーも備え、各フロアの展示床面積は約三〇〇〇平米と比較的広い美術館です。クリムトやムンクなどの西洋美術や愛知にゆかりのある作品など、二〇世紀から現代までの日本や西洋の美術動向を示す作品を中心に、江戸時代絵画や茶道具等を含め、約八五〇〇件の作品を収集しています。

当館は、美術に親しむためのさまざまなプログラムを行っています。トークや鑑賞会、ワークショップなど、学芸員のほか、アーティスト、教員や学生、ボランティアなど地域の多様な人材が関わっています。

一九九八年からはボランティアグループと協力して、視覚に障害のある方たちとの鑑賞プログラムを年に数回実施しています。点訳や解説ガイドのグループは活動年数も長く、また独自で鑑賞に関する情報を発信するなど、「鑑賞」を盛り上げる役割も担っており、この地域には欠かせない存在です。

ボランティアグループ「アートな美」のメンバーと、立体絵画などの鑑賞補助ツールも活用し、鑑賞

プログラムを通して、いろいろな発見があります。触察を伴う鑑賞は、目では見えにくいものに気づき共有できる、他に得難い体験です。学芸員も、目を閉じて作品に触れてみることで、人物像を、背中側から前に手を伸ばして触れると、自分と同じ向きになるため、複雑なポーズも分かりやすいなど、よりよい鑑賞方法に気づいたりします。また、参加者が触れて作品から受けた印象が、作家の特質を示唆していることもあります。ある参加者の感想です。『防人《さきもり》』の木彫は、触った感触が先に心に入ってきて、ふっくらとした腕や指の感触から温かさ

や優しさが伝わってきました。ガッシリとした体格で、目は見開いて大きな口を開けている姿はまるで仁王様のようだと聞きましたが、そのような荒々しさを感じとることができませんでした」。プログラムでは、作品の外面的な形を理解するだけでなく、作家の気持ちや意図などの内面性に思考を巡らせるようにしています。対話を重ねることにも、美術鑑賞の広がりと楽しみがあると考えています。

盲学校、県立高校、美術館をつないだオンライン鑑賞。盲学校の生徒は、模型に触れながら鑑賞

――点訳や解説ガイドも

当館のウェブサイトでは、鑑賞補助ツールとして、愛知県内の美術館が連携して作成した「さわるアートブック」のデータを公開し、点字、墨字、立体コピー図をダウンロードできるようにしています。これまで、立体絵画や素材を五感で感じるツールなど、各種ツールを地域のアーティストなどと作ってきました。こうしたつながりから、視覚以外の感覚も生かした鑑賞にも共感してくれる人材が育ち広がっていくことを期待しています。

当館は、盲学校と連携して、校外学習や授業の実施、アーティスト・ワークショップも行ってきました。特に、現代アートがもたらす非日常的な体験は、子供たちの諸感覚を揺さぶる刺激的なもので、子供たちに「感じ方」の転換を迫るものです。このコロナ禍には、盲学校、県立高校、美術館をオンラインでつなぎ、鑑賞を通して交流しました。生徒からは「(作品を鑑賞する)いろんな視点が知れて面白かったです」という感想もあり、多様な人たちが共に体験できる環境が整いつつあります。

各プログラムの募集はウェブサイトでも行います。なお、現在プログラムは休止しており、また再開できる日を願っています。

(『点字毎日』活字版、二〇二一年一〇月二一日)

京都国立近代美術館

美術館で感覚をひらく

松山沙樹
まつやま・さき　京都国立近代美術館研究員

京都国立近代美術館は、平安神宮の参道と琵琶湖疏水に面した緑豊かな岡崎公園の中にあります。西日本を中心に、工芸、日本画、洋画、写真、現代美術などの作品を一万三〇〇〇点ほど有しています。

当館は二〇一七年から、視覚中心の美術館体験を問い直し、誰もが楽しめるユニバーサルな美術鑑賞のあり方を考える「感覚をひらく―新たな美術鑑賞プログラム創造推進事業」に取り組んでいます。例えば「手だけが知ってる美術館」は、見える人と見えない人が共に作品をさわったり、音を聞いたり、おしゃべりしたりしながら鑑賞するワークショップです。両手で抱えきれないほど大きな甕《かめ》や、ガラス製の抽象的な立体作品、幾つもの素材を織り込んだ染織作品など、さわることで理解が深まるものを扱います。

印象的なエピソードがあります。全盲の方一人を含めた七人で陶器の花入れを鑑賞していた時のこと。晴眼者は作品を見るなり「結構ごつごつと角ばった形です」と説明を始めました。続いて順に手を伸ばしてふれていくと、今度は「意外と丸みを帯びているなあ」という声が上がりました。これを聞いていた全盲の方は不思議そうな表情を浮かべながら次のように言われたのです。「見えてるのに形が分からへんって、どういうこと?」。その方にとっては素朴な疑問のひとつだったのかもしれませんが、見て分かることとさわって分かることの違いにハッとさせられる痛快なコメントでした。この一言をきっかけに参加者の対話は更に弾み、触覚を使うことで作品の魅力をより深く味わえることを実感する機会となりました。

陶器の花入れにふれて鑑賞する様子（2019年）

りました。

こうしたワークショップに加え、昨年（二〇二〇年）からは作家・見えない方・美術館の学芸員が連携し、身体感覚を使う鑑賞プログラムを開発する「ABCプロジェクト」を立ち上げました。ABCは、アーティストのA、ブラインドのB、キュレーターのCの頭文字からとりました。現在は陶芸家の河井寛次郎への理解を深めることをテーマに調査や実践を行っており、来年（二〇二二年）三月からコレクション展で体験型の展示として成果を公開します。美術館に足を運ばなくてもオンラインで楽しめる「ABCコレクション・データベース」も用意しています。

美術館が近くにない・行くことがかなわないという方に向けたツールとしては、このほか、視覚を使わない美術館の楽しみ方をまとめたパンフレット（点字と拡大文字）や、所蔵作品を触図と文章で紹介する「さわるコレクション」を制作しています。これらは全国の盲学校や点字図書館、支援施設へも配布していますので、ぜひ手に取っていただければ幸いです。

「さわるコレクション」から

――触覚で作品〝再発見〟

「作品にふれることで、作者と同じものにふれている体感を共有している気持ちになれた」、「身体のさまざまな感覚を使ってみることでこれまで気づかなかったことや、『何だろう』と想像することができた」。参加者のこうした声に示されるように身体を使う美術鑑賞はさまざまな世界との出会いの扉を開いてくれる活動だと思っています。例えば、作品との出会い、それを制作した作者との出会い、さまざまな背景を持つほかの参加者との出会い、そして自分自身の中にある新しい感情と出会う機会にもなるかもしれません。今後も「感覚をひらく」の活動を続けながら、こうしたユニバーサルな美術鑑賞の可能性を皆さんと一緒にひらいていきたいです。

（『点字毎日』活字版、二〇二一年一一月二五日）

［右］ABC プロジェクト「ツボ　ノ　ナカ　ハ　ナンダロナ？」の体験型展示の様子
＝京都国立近代美術館（撮影：表恒匡）

［上］平塚盲学校の児童による彫刻メンテナンス（ともいきアート）
＝東海大学松前記念館と平塚美術館との連携

東海大学松前記念館

「さわる」が拓く鑑賞の能動性

篠原聡
しのはら・さとし　東海大学教職資格センター准教授

東海大学松前記念館は、北に丹沢連峰、西に富士を臨み、南に太平洋が広がる自然豊かな湘南キャンパス内にあります。建築家・山田守設計の有機的な形をしたユニークな校舎群を楽しみながら、四季折々に咲く草花の息吹や小鳥のさえずり、昆虫の息遣いなどを肌で感じつつ来館していただくのも当館のユニバーサルな楽しみ方の一つです。おすすめはメタセコイアの並木道です。キャンパスの舗道には昔懐かしい都電から譲り受けた敷石も敷かれています。

「ユニバーサル・ミュージアム研究会」に参加したのは二〇一三年。その後、館内に「みてさわる、みないでさわる」常設ミニ展示を設置し、公開シンポジウムなどの普及活動も続けています。

昨年（二〇二〇年）からは障害の有無にかかわらず誰もが自由に芸

平塚盲学校でのワークショップから（2020年）

術に触れる機会を創出する「ともいきアートサポート事業」に取り組んでいます。神奈川県との共同事業で、昨年は平塚盲学校と連携し、水粘土を用いて石こうで手のひらサイズの彫刻を制作しました。子供たちが作った彫刻はどれも素晴らしく、「手の世界制作」と題する関連展示も開催しました。

今年は本学が所蔵する古代アンデスの笛吹きボトルを用いたワークショップに取り組み、新たに伊勢原養護学校との連携も始め、縄文をテーマとした造形にもチャレンジしました。いずれも研究会メンバーが講師を務めてくれました。研究会の実践の積み重ねが仲間たちとの親睦を深め、信頼と活動の輪を広げています。今年度の成果は、東京の「(公財)北区文化振興財団」の協力のもと「ココキタ」で実施したアートメダルの取り組みも含め、来年(二〇二二年)一月と三月に銀座のギャラリーや当館で展示します。

――モノへの愛情、愛着育む

ところで、「ユニバーサル・ミュージアム――さわる!〝触〟の大博覧会」(国立民族学博物館、二〇二一年)が先月末、閉幕しました。コロナ禍で「さわる展示」をやりきった社会的意義は大きく、これからの博物館の未来をも占う重要な展覧会でした。展示資料の汚損、破損が発生するなど来場者の「さわるマナー」の向上といった課題も浮き彫りになりましたが、見方を変えると、私たちはむしろコロナ以前から「さわる」ことに慣れておらず、戸惑っていたのかもしれません。

「さわる」は人生に必須の、もっとも基本的な人間の営みの一つです。そのことを改めて自覚したのは北区での彫刻を触る体験ツアーの時でした。これは屋外彫刻のメンテナンス(保存)を触る美術鑑賞の機会とするイベントですが、参加した幼児や子供たちは彫刻を洗ったり、水をかけて洗い流したりする作業に没頭していました。歯ブラシや水をかけるためにホースも使っていましたが、いずれも「さわる鑑賞」といってよく、手で彫刻を作る盲学校の子供たちの姿と重なりました。両者に共通するのは「さわるは楽しい、面白い」です。参加者の一人は帰宅後、お母さんに「明日また彫刻に会いに行きたい」と話したそうです。

「鑑賞」は受動的な営みに思われがちですが、「表現」と同じで本来は能動的なものです。鑑賞の能動性こそが、モノに対する愛情、愛着を育むのだと確信しました。それは、人を愛することが難しくなった現代社会の希望でもあります。

(『点字毎日』活字版、二〇二一年一二月二三日)

岡山県立美術館

あの手この手で美術館をひらく

岡本裕子
おかもと・ゆうこ　岡山県立美術館主任学芸員

「美術館は何をするところ?」という問いに、あなたならどう答えますか。「美術館は静かに作品を見るところ」と答えた方がいたとします。あなたはこの答えについてどのように考えますか。静かにすることが難しい小さい子どもやそのファミリー、そして、作品を見ることが難しい視覚障害者を、無意識に排除している可能性はないでしょうか。

岡山県立美術館では、岡山県立岡山盲学校が美術館の扉をたたいた二〇一一年から、「視覚を使わない作品鑑賞」という新しい世界を広げてきました。「まずはやってみましょう」という先生の言葉に背中を押されてスタートした盲学校スクールプログラムは、その後、さまざまな扉をあけていくことになります。館内で「触ってもよい」作品鑑賞の理解が生まれ、続いて「触ることができる」展覧会が開催されるようになったこと。私自身の

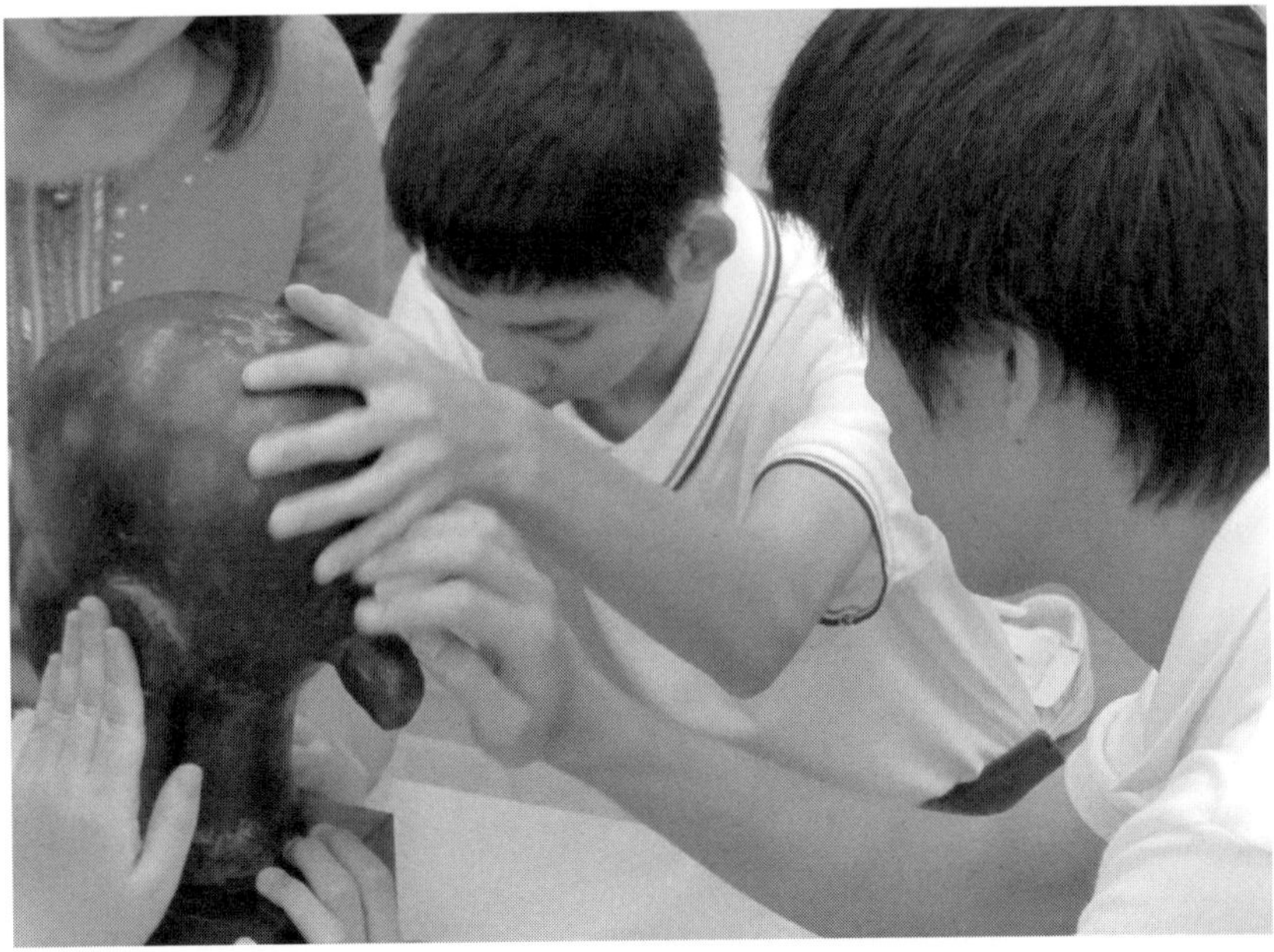
盲学校スクールプログラムの一場面

中で「常に常識を点検する」という視点が持てるようになったこと。そして、広瀬浩二郎さんと出会えたこと。彼との出会いは、視覚障害者対応のきっかけとなり、見ること、見せることに偏った教育プログラム、展示方法を見直すだけでなく、「ユニバーサル・ミュージアム」というミュージアムの在り方そのものと向き合い続けることになります。

　継続的に盲学校スクールプログラムを実施したことは、乳幼児から小学校中学年を対象とした「きっず・ミュージアム・Ｌａｂ」や、視覚障害の有無にかかわらず小学生から広く一般を対象とした「暗闇ワークショップ／触ってみて、みて」など、従来の教育プログラムとは異なった視点で美術館をひらく試みへと展開し続けています。前者は、「大きな絵を描こう～！」（二〇一九年八月、二一年八月）、「粘土で遊ぼう～！」（一九年九月）、「新聞紙で遊ぼう～！」（一九年一二月）、「紙コップで遊ぼう～！」（二〇年二月、二一年一二月）など、広い空間とシンプルな材料で、きっずが体全体を使うダイナミックな遊びを通して、美術や美術館と出合うプレ・ミュージアム事業へと花開いています。きっずたちが、支持体の大きさ（四×八メートル）や大量の絵の具（四・五リットル）、五〇〇キロの粘土、一〇〇〇枚（約一二五日分）の新聞紙、また、三〇〇〇個の紙コップを、数字という文字や視覚情報ではなく、素材を自分の手のひらや足の裏、体全体で触ることを通して、大きさや長さや重さ、そして素材そのものの質感を体感することができる「触文化」プログラムとなっています。一方、晴眼者と視覚障害者が共に楽しむことを目的としている後者は、なかなか「触文化」プログラムとしての姿がみえてきません。コロナ禍で継続実施が難しくなったことも一因です。その半面、ミュージアムについて思考を巡らせる機会を得、光がみえてきたこともあります。暗闇のスペシャリスト・広瀬さんにファシリテートしてもらいながら、コロナ禍のスモールステップとして二〇二二年二月の実施を目指しています。

――視覚に頼らぬ鑑賞

　行わなければひらかない、行えば何かが始まる。だから、私たちは美術館で行い続けなければならない！　関係諸機関との連携、利用者との対話や交流を通して、美術館をひらく――美術館の新しい価値を生み出すことに挑戦していきます。

　各プログラムの募集は、ウェブサイトで行っています。美術館をひらく一歩を一緒に踏み出しましょう。

（『点字毎日』活字版、二〇二二年一月二七日）

「大きな絵を描こう〜！」の様子＝岡山県立美術館

アーティゾン美術館

全感覚で、一緒に聞き語り合う魅力

細矢芳

ほそや・かおり　アーティゾン美術館教育普及部学芸員

　アーティゾン美術館（旧ブリヂストン美術館）は、ビルの建て替えで約五年間休館し、二〇二〇年に開館しました。東京駅から徒歩五分ほどの所にあります。新しい館名の「アーティゾン」は、英語の「アート」と「ホライゾン」（地平）を組み合わせた造語です。時代を切り拓くアートの地平を多くの方に感じていただきたいという意思が込められています。二〇二二年四月一〇日まで「はじまりから、いま。一九五二―二〇二二アーティゾン美術館の軌跡――古代美術、印象派、そして現代へ」と題し、開館七〇年を迎えた当館の活動をご紹介しています。

　「ユニバーサル・ミュージアム研究会」には、二〇一八年から参加しています。視覚だけに頼らず、物事の本質に迫るさまざまな実践に触れる機会で、熱心で真摯な活動に強く惹かれました。触れるものがない美術館での活動の可能性を考えています。

　この課題に対して最初の大きな一歩となったのが、二〇二〇年に開催した「みる誕生」鑑賞会です。これは、当館のコレクションと現代美術家との共演による展覧会「ジャム・セッション鴻池《こうのいけ》朋子　ちゅうがえり」の関連プログラムとして、アーティストの鴻池朋子さんが企画したものです。視覚中心に捉えてきた美術のあり方を問い直す試みで、当館にとっても新しいチャレンジとして実施しました。

靴を脱ぎ、床に手をかざす

　鴻池さんは、眠っていた細胞を呼び起こし、「生まれたての体」のように全感覚で初めて世界と出会う驚きを、「みる誕生」と名付けました。目の見えない人・見えにくい人と見える人を組み合わせ、さまざまな身体感覚を使って参加者同士が一対一で対話し、作家と美術館も一緒に聞き語り合うことを目指しました。

鴻池さんに促され、床や壁、部屋の角にも意識を向けて会場を歩くと、さまざまな身体感覚や音、床から吹き出す空調までもが空間を構成する重要な一部として新鮮に感じられました。触角や聴覚で「みる」作品も多く、鴻池さんの作品には自由に触れました。例えば、天井か

――「視覚中心」問い直す

ら吊るされた牛革の作品を触った参加者からは「大きいですね」「たゆたゆしている」「おもしろい、いろんな触り心地がある」「つなぎ目がワイルドでいい」「床にとろっと垂れている」といった声が聞かれ、私も一緒に触りました。「瀬戸内国際芸術祭2019」で発表された四㍍×一二㍍の「皮トンビ」という作品です。国立ハンセン病療養所のある大島を舞台に、鴻池さんが長く閉ざされていた一・五㌔の旧道を再び切り開いてつくった周回路「リングワンデルング」の中に、野ざらしで展示されていたものです。山の木立の中で日焼けしたり雨風や台風にも耐えた後、燻蒸《くんじょう》されて当館に展示されていました。「大きい、たゆたゆ」といった実感を一緒に触って体験することで、その事物の持つエネルギーが言葉や知識と異なるあり方で大きく深く伝わってくるのを感じました。

鴻池朋子「皮トンビ」に触れる参加者

コレクション展で同じことができるわけではありません。しかし、美術館の展示室で全感覚を駆使して、一緒に聞き語り合う魅力を実感したことは大きな経験になりました。

これからも何かしらの事物に即した、わくわくする鑑賞会のような企画を考え続けていきたいと思っています。

（『点字毎日』活字版、二〇二二年二月二四日）

南山大学人類学博物館

「さわる」ことの先に

黒澤浩
くろさわ・ひろし　南山大学人文学部人類文化学科教授

名古屋市の南山大学には「人類学博物館」という大学博物館があります。「大学博物館」というと「なんか敷居が高いな」とか「むずかしそう」といったイメージがあるかもしれません。確かに大学博物館の使命は「大学の教育・研究に資すること」なので、そう思われるのも無理ありません。しかし、当館では、それに加えて「ユニバーサル・ミュージアムを目指す」ことをスローガンとし、二〇一三年にリニューアルしました。

大学博物館がなぜユニバーサル・ミュージアムを目指すのか？　それはちょうどリニューアル計画を進めている時に、国立民族学博物館の広瀬浩二郎さんとの劇的（？）な出会いがあったからです。そもそも資料の保存を重視してきた博物館にとって、広瀬さんたちの「資料にさわる」という主張は本当に目からうろこが落ちることだったのです。その時、ひらめいたのは「視覚障害者が楽しめる博物館は誰もが楽しめるに違いない」ということでした。今になって思うと、そこには従来の博物館が前提としてきた主（健常者）客（障害者）を転倒させるという大きな発想の転換がありました。こうして、常設展示を全面的に「さわる展示」としたユニバーサル・ミュージアムへの歩みが始まったのです。

しかし、われわれは障害者については全くのド素人。そ

南山大学人類学博物館の常設展示。ほとんどが露出展示で、自由にさわれる

こで広瀬さんの紹介で、名古屋ライトハウスの皆さんという強力な助っ人を得て、「とにかく分からないことは当事者に聞け！」をモットーに作業を進めることになりました。そこでいただいたさまざまなアドバイスが、展示の中の工夫として生かされました。例えば、展示資料一点一点に点字のタグをつけて、それが何であるかを分かるようにするとか、立ってさわると腰が痛いので椅子を配置する、等々です。そんなアドバイスの中で、特に心に響いたのは「イベントではなく、いつ行っても楽しめるようにしてほしい」という言葉でした。

縄文土器も間近に展示されている。土器の台に付けられているのが点字タグ

――身体と言葉を結ぶ

　こうして人類学博物館は「さわる展示」を常設とした「ユニバーサル・ミュージアムを目指す博物館」としてリニューアルを果たしました。しかし、話はここからです。博物館は、展示を通してある出来事や現象を示し、それについて説明します。それをどのようにしたら「さわる」ことに置き換えて伝えるか、というのは大変な難問なのです。二〇一九年に国立民族学博物館で開催されたユニバーサル・ミュージアムのシンポジウムで、吹田市立博物館の元館長・小山修三さんに言われた「南山は先に進み過ぎて行き詰まっとるな」という言葉は、ノドに刺さった魚の小骨のように心に引っかかっています。

　しかし、最近になってヒントを得られたように思います。一つは身体性の回復。それは頭で考えることをやめて、身体が感じるに任せることの回復です。二つめは、言葉。人類学博物館を訪れた人に「説明を聞きながらさわるとテンションが上がる」と言われたことがきっかけでした。この二つを結びつけた展示とさまざまなプログラムを作り上げていくことを、考え始めています。これは広瀬さんの「無視覚流鑑賞」に通じるものでしょう。

　われわれはこれからもユニバーサル・ミュージアムを目指していきますが、究極の目標はユニバーサル・ミュージアムが普通のミュージアムになることです。その時、本当の意味で博物館に蓄積された「知」が全ての人に開放されるのだと思います。

（『点字毎日』活字版、二〇二二年三月二四日）

視覚障害者にとってミュージアムの魅力とは？

半田こづえ
はんだ・こづえ　明治学院大学非常勤講師

この一年、私たちは新型コロナウイルス感染症という名の長いトンネルを通って、夢中で旅をしてきたように感じます。そのような中にあっても、この連載を通して、国立民族学博物館をはじめ、幾つものミュージアムでユニバーサルな活動が継続されていることは、大きな喜びでした。

「ユニバーサル・ミュージアム研究会」に参加したのは二〇〇九年のこと。視覚障害者の美術鑑賞をテーマに研究していた全盲の私は、それまで視覚障害者の美術鑑賞が、教育や福祉の文脈で語られることが多く、ミュージアムの活動の一環として位置付けられていないことを残念に思っていました。一九九〇年代からボランティアグループと協力して、視覚障害者との鑑賞プログラムを定期的に開いてきた愛知県美術館や、視覚に偏りがちな美術鑑賞のあり方を問い直す展示を毎年企画してきた兵庫県立美術館などの例外を除いて、日本では視覚障害者の美術鑑賞を牽引してきたのがミュージアムの外にいる人々という事情もありました。

その一つが一九六〇年代後半に始まった彫刻家による活動です。例えば、「日本彫刻会」は、毎年開かれる展覧会に盲学校の生徒たちを招いて、「触れる彫刻鑑賞教室」を開催してきました。生徒た

神奈川県の「真鶴町石の彫刻祭」で2022年3月29日に開かれた、彫刻を巡るツアーから

ちは、さまざまな素材、形の彫刻に触れ、彫刻家と対話をしながら楽しく作品を鑑賞します。

もう一つは、一九九〇年代後半からの視覚障害者自身による活動です。「言葉による鑑賞」と言われるこの活動は、視覚障害者と晴眼者が自由に対話しながら作品を鑑賞するもので近年、東京工業大学の伊藤亜紗さんやノンフィクション作家の川内有緒さんの本で社会的な注目を集めています。そこには人と人との対話があり、晴眼者にとって、作品を丁寧に見て考えを深めるという大きなメリットがあることが指摘されています。

大竹利絵子氏の作品を触って鑑賞

――触って話して聞くこと

国立・公立のミュージアムが来館者サービスの一環として視覚障害者を迎える工夫をしてきた欧米のミュージアムと違い、日本では、「触れる鑑賞」と「言葉による鑑賞」の二本のレールが敷かれ、それぞれ独自の鑑賞スタイルを作り上げてきたと言えるでしょう。そして、特筆すべきこととして、ミュージアムがこのような人々に視覚障害者の鑑賞を任せてきたという事情があったと考えます。その構図がユニバーサル・ミュージアムな仲間たちの活動によって根本から変わろうとしているのです。

では、視覚障害のある私たちにとってミュージアムに行くことの魅力とは何なのでしょうか？ 私は日常の生活がつらくなった時、好きな彫刻に会いに行きたくなります。ある分野を深く知っている人の話を聞きたくなります。広くて深い世界につながる道を探しに行きたくなるのです。私たちはミュージアムで物と対話し、考えながら観察し、味わう体験をするのではないでしょうか。入り口となるのが「触ること」であり、「聞くこと」であり、「話すこと」であり、「見ること」ではないかと思います。その先に本当の意味での「観る」ことがあり、それは情報を得ることとは違う創造的な営みなのではないでしょうか。すぐには分からないかもしれない、ちょっと時間がかかる、でもわくわくする、そんな場所、ミュージアムに出かけてみませんか？

（『点字毎日』活字版、二〇二二年四月二一日）

わらべ館

もてあそぶ？おもちゃの世界

長嶺泉子
ながみね・もとこ　わらべ館主任専門員

人口約一八万の小さな県庁所在地、鳥取市に童謡とおもちゃのミュージアム「わらべ館」があるのをご存じですか。中身は県立童謡館と（鳥取市立）鳥取世界おもちゃ館の二つの施設から成り、一九九五年の開館から二七年間、さまざまな世代が童謡やおもちゃを歌い遊び、楽しんでいます。私はおもちゃの常設展や企画展を主に担当しています。

おもちゃはその語源とされる「もてあそびもの」の通り、手に取り遊ぶものです。とはいえ、当館では年代物のブリキ製のおもちゃ、土人形や精巧なミニチュア模型など、安全面の配慮からケース内展示が多いのが実情です。ただ、おもちゃとて、単に手にするだけでは、その全てがつかめるわけではないと思うのです。

昨年（二〇二一年）の秋、国立民族学博物館で開催された特別展「ユニバーサル・ミュージアム――さわる！〝触〟の大博覧会」では、当館から触覚だけでも楽しめるおもちゃと「からくりの機素」を出展しました。後者はハンドルを回すと歯車が回ったり、ピストンが上下したりする機構を分かりやすくした模型です。触察を試みる鑑賞者は、歯車のかみ具合、上下運動の連鎖など、そのものの成り立ちと動きや形の変化を感じながら手にしています。ところが、晴眼のこどもたちは、ハンドルを回しまくり歯車やピストンの動きを速める遊び方が多く、こうした速さや大きさなど単純な結果を求めが

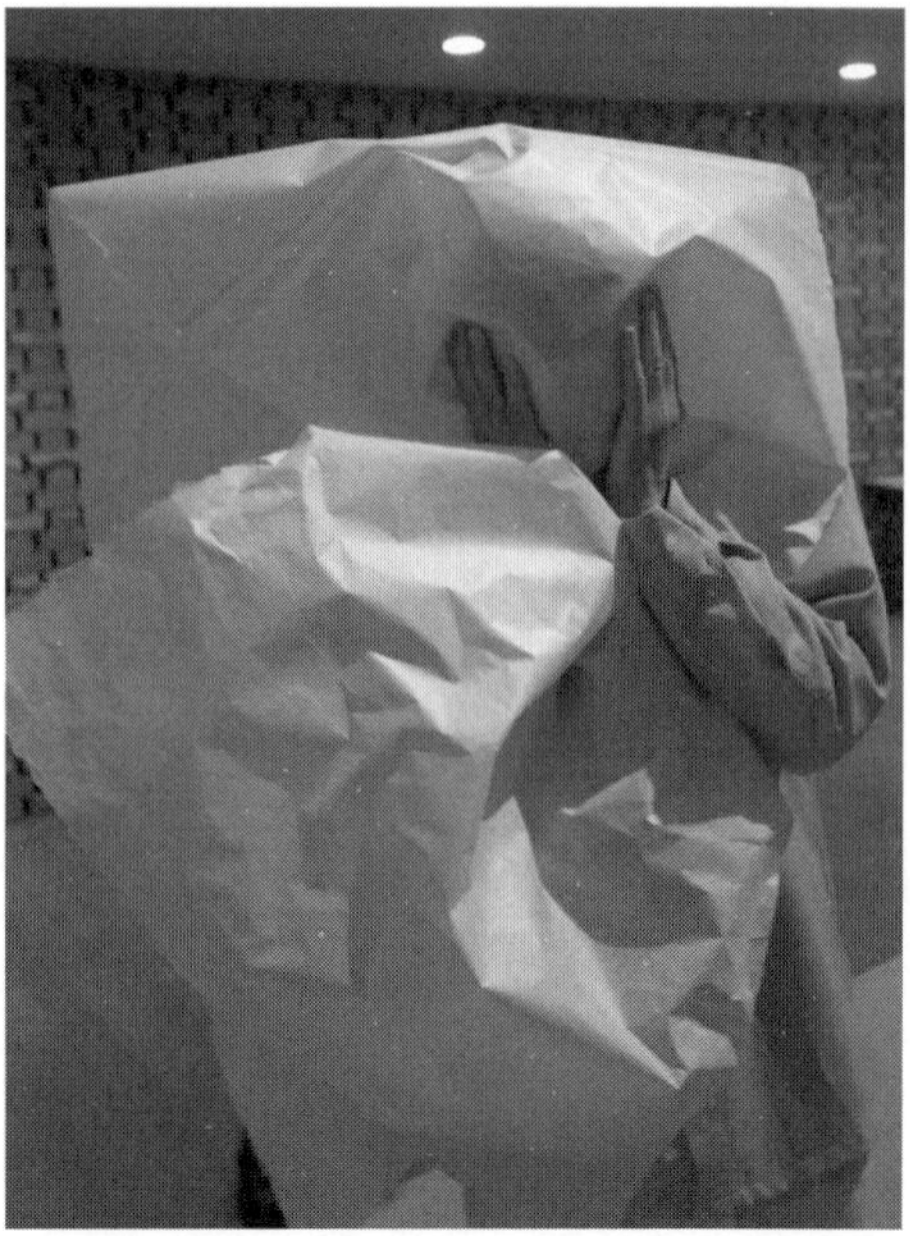

ワークショップの一場面。上半身が大きな和紙に包まれている一人の男性

ちな遊び方に対して、「ちょっと待った」と足踏みさせてみたいのです。

優れたおもちゃには「幾つもの遊び方がある」とされています。当館のハンズオン資料では、できるだけその定義に沿ったおもちゃを選び、遊び方のバリエーションを案内しています。こどもたちから、思いもつかない新しい遊び方を教わることもあり、そんな提案は大歓迎。改めて紹介しています。

ビー玉を転がして音程が変わる木のおもちゃ「カラコロツリー」。共遊玩具の一つだ

——自分以外の感覚「発見」

昨年度の企画展では、玩具メーカーによる「共遊玩具（ともにあそぶおもちゃ）」を紹介しました。スイッチのONの部分に凸を付けるといった動作をサポートするものや、異なる素材のプレートを触覚だけで正しく組み合わせる型はめなど、障害の有無にかかわらず誰もが楽しめるおもちゃは、展示期間中多くの来館者に「共遊」されました。

展示以外では、これまでに三年連続で「くらやみに手をのばせ」と題し、国立民族学博物館の広瀬浩二郎さんとともに、触覚や聴覚を使いこなすワークショップを開催。大阪市のキッズプラザで続くワークショップを参考にしながら、地域の特色を生かした企画を立てました。例えば、画仙紙の一大産地、鳥取ならではのテーマとして「紙」を選んだ際は、地元産の和紙にくるまって温もりや繭のような「孤独」を感じたり、楮《こうぞ》や雁皮《がんび》など原料の違いによる触感、音の違いを楽しんだりしました。また、折り図を見ず、言葉だけで折り紙を折ってみて、その結果さまざまな形が生まれる面白さに触れました。ワークショップを通して、こどもたちは自らの感覚を開き、自分以外の人の感覚に思いを巡らすなど、新しい感覚をつかまえたようです。

当館のユニバーサル・ミュージアム構想は未《いま》だスタートライン。コロナ禍直前は県外の盲学校の修学旅行先として来られる機会が増えつつあり、小中学生の生の声を聞きながら、広く深く長く触れて楽しめるおもちゃの世界を組み立てたいと思い描く日々です。

（『点字毎日』活字版、二〇二二年五月二六日）

[上] ワークショップ「くらやみに手をのばせ」。新聞を思い切りわしゃわしゃしてみる。
アイマスクをした子どもたち＝わらべ館

[左] 高松塚古墳壁画の複製陶板を触る来館者。触れることで、筆遣いを感じられる
＝奈良県立橿原考古学研究所附属博物館

奈良県立橿原考古学研究所附属博物館

五感で体感する日本の歴史

北井利幸

きたい・としゆき　奈良県立橿原考古学研究所指導研究員

奈良県立橿原《かしはら》考古学研究所附属博物館は、畝傍山《うねびやま》の麓《ふもと》にあります。この山は、大和三山の一つで、中大兄皇子が歌に詠んだことでも有名です。「香具山は、畝傍山がいとしくて、耳成山《みみなしやま》と争った。神代《かみよ》からそのようなのだから、今のこの世の中でも妻をめぐって争うのですよ」という内容の歌です。この畝傍山は、万葉集で瑞山《みずやま》とも呼ばれ、当館のイメージ曲「瑞山の風～たまゆら」の由来となりました。「たまゆら」とは玉が触れあってかすかな音を立てるさまを表す言葉です。瑞山から吹く風が、麓にある博物館に届いて、たまゆらが起き、その響きが、新たなものを産み出し、発展していく場であり続けることを願い名付けました。

当館は考古系の博物館として日本一と言っても過言ではありません。常設展示のテーマは「目で見る日本の歴史」です。これは古墳時代以降、奈良時代まで奈良県内に宮・都が置かれたためです。ただ「目で見る」というのが、視覚障害者の利用を考えていないと捉えられ、再考しなければと思いながら良いフレーズが思いつかず悩んでいます。

二〇二一年一一月三日、約三年の休館を経てリニューアルオープンしました。常設展示を現在の研究成果に基づき変更したほか、触れる展示品として、新たに高松塚古墳の複製陶板を設置しました。コロナ禍で触れる展示品を控えざるをえなかったのは残念でしたが、展示室の解説に日本語、英語、中国語、韓国語に加え、点字による案内を設置しました。これまでは墨字と点字を併記していましたが、今回は点字の案内だけにしました。新たに点字の解説冊子を作成し、展示室の点字案内に合わせて手元で読めるようにしました。この冊子は、必要とする方に配布していますので、持ち帰ってゆっくり読めます。専門用語が多いため、改善していく予定です。

奈良県立橿原考古学研究所附属博物館と、背後にそびえる畝傍山

――歩いて、登って、触って

二〇一七年に展示品を全て触れる「さわって体感考古学！」を開催しました。考古系博物館で行われた数少ない取り組みとして話題になりました。国立民族学博物館の広瀬浩二郎さんをはじめ、多くの視覚障害者の方々にご来館頂きました。

歴史体感ツアーを楽しむ参加者＝橿原市の新沢千塚（にいざわせんづか）古墳群で（2019年）

これを機に広瀬さんの主宰する研究会に参加し、ユニバーサル・ミュージアムの可能性を探る取り組みをより実践的に実施するようになりました。その一つとして、視覚障害者団体の研修や見学会を積極的に受け入れ、実物資料やレプリカを用いた触察ワークショップを体験いただいています。触ることでしか分からないことをぜひ一度体験しにお越しください。

博物館だけでは伝えきれないことがあります。そこで、博物館での体験を発展的に理解する企画として、関連する古墳や遺跡に足を運び、五感で体感するツアーを学芸員有志で実施しています。例えば、古墳の形や大きさ、石室の構造や質感などを歩いて、登って、触って全身で感じます。飛鳥時代の都人《みやこびと》のくらしを体感するために万葉歌の舞台に立って水の流れる音や風の音、草木の匂いを感じ、再現された食べ物を食べながら歌を聞いたり、宮跡《みやあと》に復元された石敷きを歩いたりします。聴覚、視覚、嗅覚、味覚、触覚をフル活用して体感する歴史体感ツアーは見える、見えないに関係なく、誰もが一緒に歴史を楽しめる企画です。コロナが収束したら歴史体感ツアーにでかけてみませんか？

（『点字毎日』活字版、二〇二二年六月二三日）

三重県総合博物館

自分の好きな学び方で楽しもう

中村千恵
なかむら・ちえ　三重県総合博物館学芸員

三重県総合博物館は、南北に細長い三重県の真ん中あたりに位置する津市にあります。旧三重県立博物館の資料を受け継いで二〇一四年に開館しました。三重の自然と歴史・文化を総合的に学べる博物館として、「三重のミュージアム」と「三重の夢」という二つの意味を込めた愛称「ＭｉｅＭｕ（みえむ）」で親しまれています。

国立民族学博物館の広瀬浩二郎さんが代表を務める「ユニバーサル・ミュージアム研究会」には、二〇一〇年から参加しています。当時、ミュージアムで教育に携わる仕事を志す学生だった私は、広瀬さんが登壇する講演会に参加しました。終了後に出待ちした揚げ句、初対面にもかかわらず、ずうずうしくもっとお話を聞かせてほしいとお願いしたのです。改めて振り返るとちょっと強引すぎたかなと反省していますが、その時に出会った「誰もが楽しめる博物館を目指すユニバーサル・ミュージアム」という考え方は、私の中で北極星のように道しるべになっています。

みえむでは「みんなでつくる博物館」という活動理念のもと、子供から大人まで、楽しく三重の自然や歴史・文化を学んでもらえるよう試行錯誤しています。その中でも、特に「さわる」というのは重要なテーマの一つです。過去の企画展では、ニホンカモシカの骨格標本にさわって観察するコーナーを設けたり、河原の石をさわって積み木のようにして遊ぶ関連イベントを行ったりしてきました。いずれの取り組みも、さわりたい人

2017年度企画展「カモシカ☆パラダイス」での骨格標本をさわる展示の様子。ニホンカモシカを触察するコーナーだ

は誰でも挑戦することができます。博物館での学び方は、一つだけでなく、複数用意することが大切だと私は考えています。その一つが「さわる」です。一口に五感と言っても、視覚・聴覚・触覚といろいろあります。どの感覚を使うのが得意なのかは、人それぞれ違います。みんな自分が得意な方法や、好きなやり方で

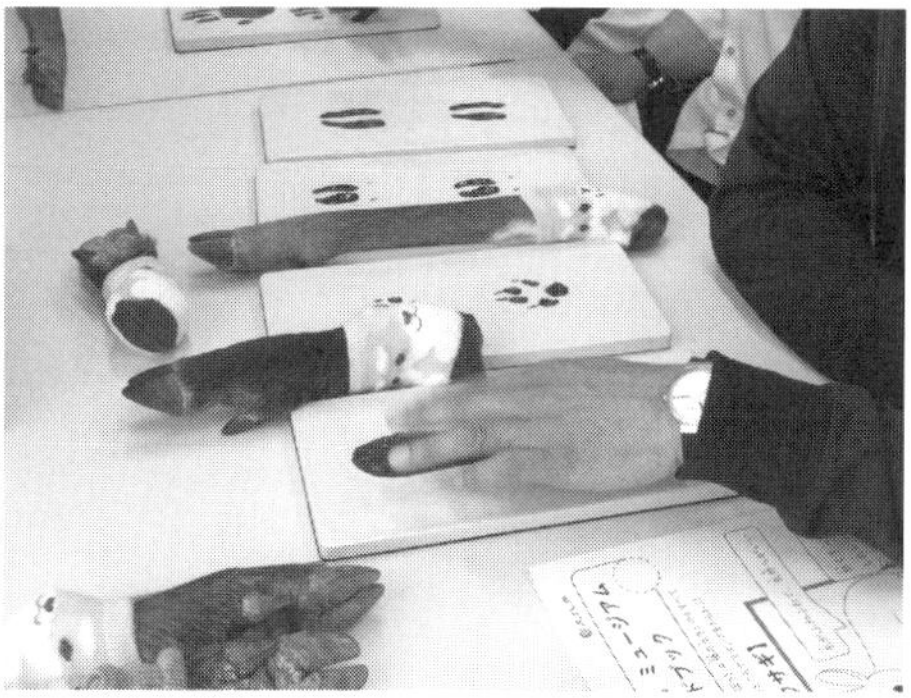

三重県立盲学校の協力で実現した、動物の足跡を学ぶ教材セット

――さわりたい人 誰でも

博物館を楽しんでもらえるようにしたいと思っています。一人一人にオーダーメードの学び方を提供するのが究極の理想ですが、実際にはそううまくはいきません。そこで、できる限り複数の方法を用意して、自分の好きな学び方を選んでもらいたいと思っています。

ユニバーサル・ミュージアムを目指す歩みは、ミュージアムだけで考えていてもなかなか先に進めることはできません。周囲からのさまざまな声が、ミュージアムの変化を後押しする追い風になります。みえむには三重県立盲学校や、ミュージアムパートナーという協力団体とのつながりがあり、さわる活動についても継続的に意見を交わしています。「こんなものがさわってみたい」「さわる時にはここに注意した方がいい」、そういった声をたくさん積み重ねて、動物の足跡を観察するワークショップなど、さわる教材や学習プログラムを一緒に考えてきました。最近では、浮世絵の触図づくりにも挑戦し、さわる教材の充実に一層励んでいます。

百聞は一見にしかずと言うように、ミュージアムの楽しさはまず足を運んでみなければ分かりません。見るだけではなく、手でさわって、耳で聞いて、全身の感覚を研ぎ澄ませてミュージアムを満喫してください。二〇二二年九月一一日まで開催中の企画展「集まれ！三重のクジラとイルカたち」では、イルカが仲間とコミュニケーションする「鳴音《めいおん》」を聞くことができます。皆さんのご来館をお待ちしています。

（『点字毎日』活字版、二〇二二年七月二一日）

2021年度企画展「やっぱり石が好き！」でのロックバランシング。
河原の石を積み木のようにして遊ぶ＝三重県総合博物館

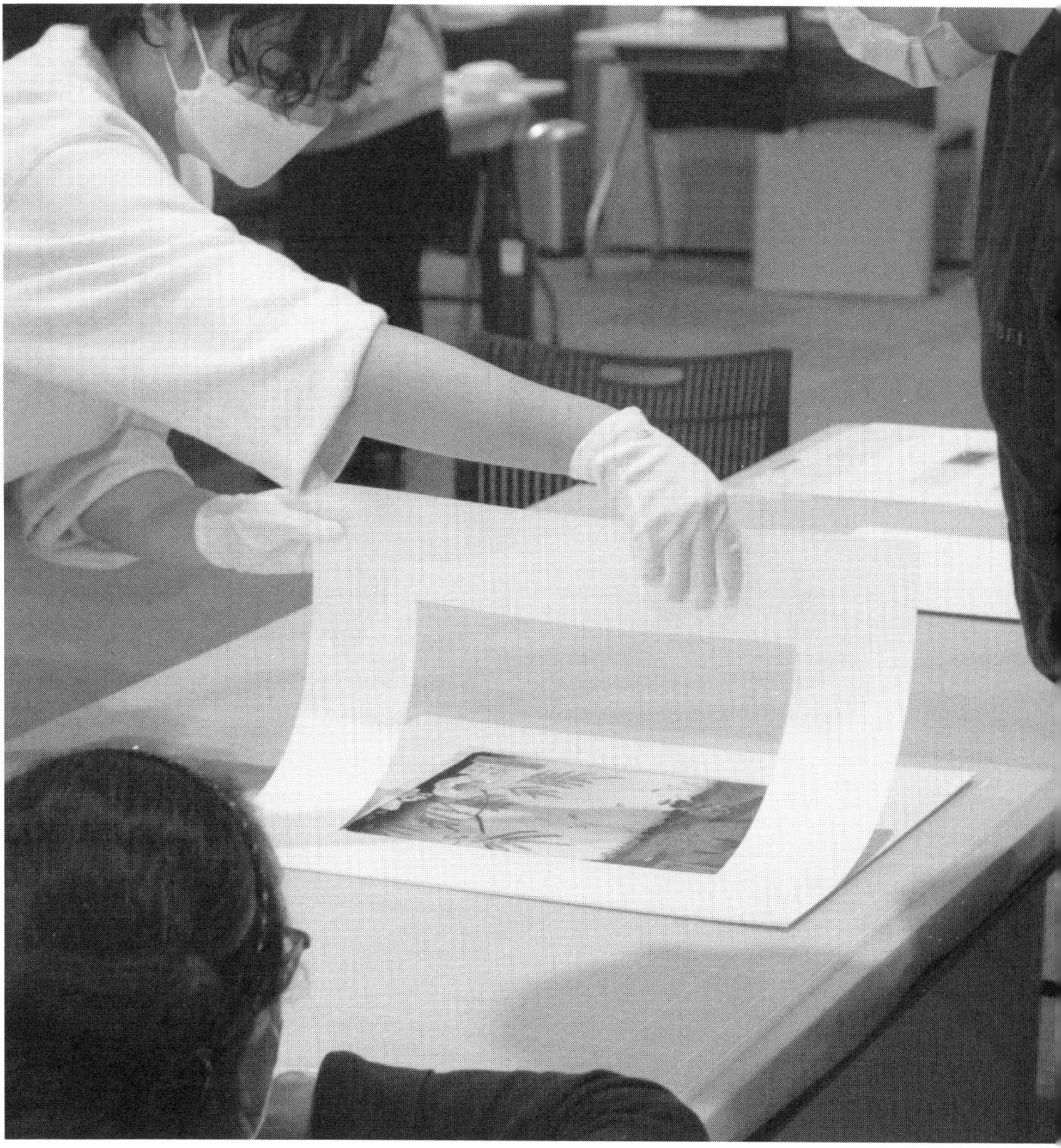

博物館実習で、浮世絵の額入れを行う実習生。
作品に触れ、慎重に扱う作業は貴重な経験だ＝国際基督教大学博物館湯浅八郎記念館

国際基督教大学博物館湯浅八郎記念館

大学の宝物を全ての方々へ

原礼子
はら・れいこ　国際基督教大学非常勤講師

国際基督教大学博物館湯浅八郎記念館は東京都三鷹市にあり、今年（二〇二二年）の六月で開館四〇周年を迎えました。主な収蔵品は、初代学長の湯浅八郎が集めた日本の陶磁器、染織品、木工品などの民芸品と、大学構内の遺跡から出土した旧石器時代から縄文時代の考古学資料です。これらを常設で展示するとともに、さまざまなテーマの特別展を年に二〜三回開き、無料で公開してきました。二〇二〇年度以降はコロナの感染拡大で特別展も中止していましたが、今春から事前予約制で、一般の方々の来館を受け入れています。

「一畳敷」の原寸模型

湯浅八郎記念館が「誰もが楽しめる博物館」を目指すようになったのは、「ユニバーサル・ミュージアム研究会」に入れていただいた二〇一〇年からです。しかし、以前から、さまざまな試みを行っていました。館の建設計画が進んでいた当時、私は学芸員として勤めていましたが、湯浅博士はご自身のコレクションを「誰もが手にとって、自由にさわれるようにしてほしい」と希望されていました。しかし、博物館としてこの希望に沿うのは難しく、大きな壺や藍染めの布はケースに入れず、なるべくじかに見られるように展示するのが精いっぱいでした。

絵画などとは異なり、暮らしの中で使う工芸品は、手に取ってこそ良さが分かります。そのため担当した展示の中でも、和紙の魅力を伝える「紙の工芸展」や、手紡ぎの糸による「うち織り」の特別展では、素材の風合いが感じられるよう、自由に触ることができるコーナーを設けました。ユニバーサル・ミュージアム研究会が東京で開催され、当館が会場として使われた際には、縄文土器から民芸品まで、さまざまな収蔵資料に触れていただきました。

　このほか湯浅八郎記念館に新たに加わった展示物として「一畳敷」の原寸模型があります。これは、文字通り畳一枚の書斎です。北海道の名付け親でもある幕末の探検家、松浦武四郎により約一三〇年前に建てられました。当初は神田五軒町にありましたが、紆余曲折を経て昭和初期に三鷹に移築され、現在は国の登録有形文化財として大学のキャンパスにあります。全国の歴史的建造物から集めた九〇片もの古材で作られた貴重な建物ですが、通常は公開されていません。

——触れて　暮らしの工芸品

そこで大変精密な原寸大の模型を作成し、館内の展示室に設置しました。こうすることで、来館者は誰でも建物の内部に入り、一畳の限られた空間を全身で感じ、思いを巡らせられます。

　コロナ禍で一般公開が中止となっている間も、大学博物館として館内では博物館実習が行われました。本学の実習では学生は全員、本物の浮世絵を使って額入れを行います。作品にじかに触れ、慎重に取り扱う作業は何事にも替えがたい貴重な経験となることでしょう。

　資料の保存はもちろん重要です。しかし、大学が持っている「お宝」を持ち腐れにすること無く、多くの方々に提供し活用していくことも大学博物館がユニバーサルなミュージアムであるための大切な使命といえるのではないでしょうか。

　二〇二二年九月からは本学図書館が所蔵する「バンクス植物図譜」の展示が始まります。詳細はウェブサイトの情報を確認の上、どうぞお出かけください。

（『点字毎日』活字版、二〇二二年八月一八日）

ユニバーサル・ミュージアム研究会で、縄文時代の土器片をさわって鑑賞

国立西洋美術館

美術を通して他者に出会う

松尾由子

まつお・ゆうこ　国立西洋美術館特定研究員（執筆時）、現・府中市美術館学芸員

国立西洋美術館は、ＪＲ上野駅の公園口から徒歩約一分の場所にあります。年間を通じて公開されている常設展示では、中世から二〇世紀にかけての西洋絵画とフランス近代彫刻などを鑑賞することができます。今年（二〇二二年）四月にリニューアルオープンし、本館と共に世界文化遺産に登録された建築家ル・コルビュジエの設計による前庭が、一九五九年の本館開館時の姿に可能な限り戻されました。

当館ではこれまで盲学校に向けた常設展の鑑賞プログラムを行ってきました。その特徴は本物の彫刻の触察です。基本的に美術館では作品保護の観点から来館者が展示物に触れることはできませんが、視覚に障害のある方にも美術館を楽しんでいただきたいという想いから、保存修復担当と絵画彫刻担当と教育普及担当が連携し、プログラムを続けています。彫刻や絵画の触図を触りながら、生徒さんたちは解説を聞くだけでなく、作品をよく観察して気づいたことや感じたことを話し合い、体を動かしポーズをまねたり、音に注目したり、経験に照らして想像を膨らませたり、さまざまな活動を通して主体的に鑑賞します。

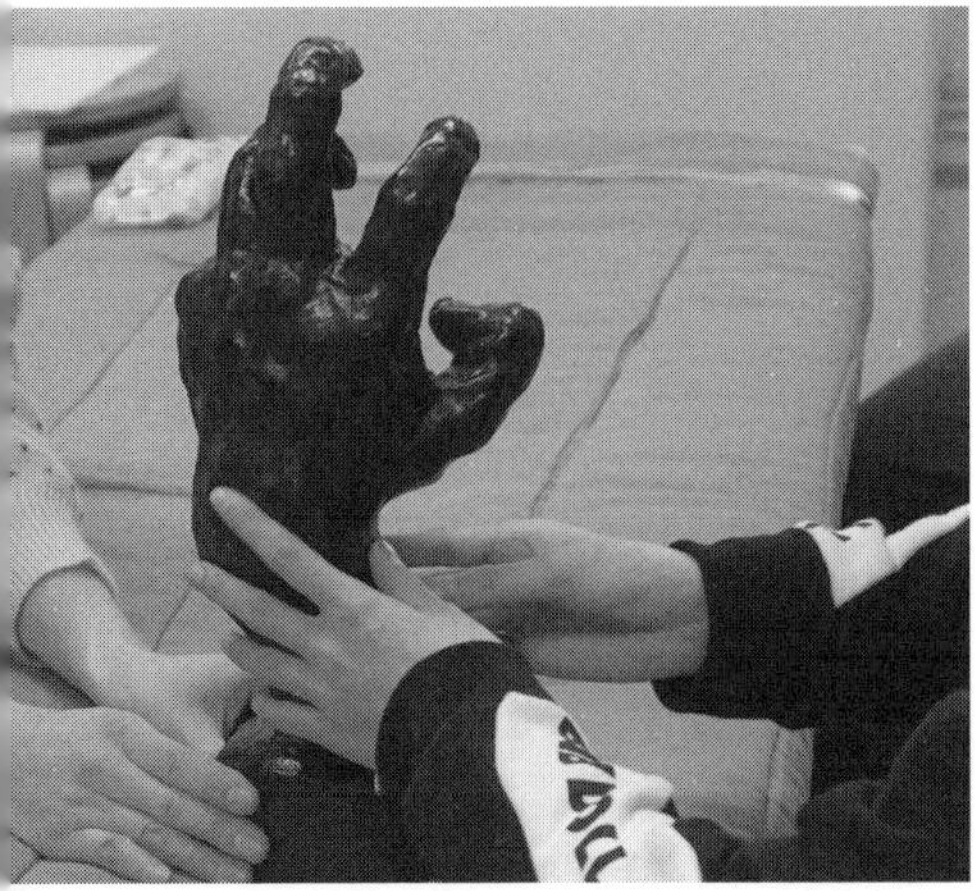

彫刻を触って鑑賞（東京都立八王子盲学校、2019年）

こうしたプログラムは私たちスタッフにも印象深い学びをもたらします。何年も見てきたはずの作品について新しく気付かされることや、鑑賞者の内面の世界に心動かされることがあるからです。例えばある全盲の方は、オーギュスト・ロダンの彫刻「考える人」のレプリカに触り、「外国の方ですね」と言いました。体に対して頭部が小さいことから西洋人がモデルだと分かるそうです。また「頭

——触る鑑賞プログラム

と比べて腿や腕が太すぎて不思議な体だ」「ボクサー筋が鍛えられている」などの発言もあり、ポーズや筋肉が印象的なこの作品に、実は人体の比率の不自然さもあることに気付かされました。

クロード・モネの絵画「舟遊び」を盲学校高等部の生徒さんと鑑賞した際は、水の中を白い夏服の二人の娘を乗せた小舟が進む画面について共有した後、自分なら舟でどう過ごすかを尋ねてみました。一人が「恋人と乗って、その間は言葉を交わさずに過ごす」と言うと、ほかの生徒も「分かる」と共感したり「自分なら」と話し出したり、それぞれの「舟遊び」の中に一〇代の澄んだ感性が垣間見えました。

彫刻のレプリカを触って鑑賞（東京都立文京盲学校、2020年）

ただ、これらは盲学校の生徒さんに限ったことではなく、他者と作品を鑑賞すること自体の醍醐味の一つだと思います。美術作品は鑑賞する人によって、またその時期によってさまざまな解釈をもたらします。それらを聞き合うことで、作品を通して他者の内面に触れ、自己の世界が広がり更新される。その意味で美術館という場所はこの多様な世界における共生の場の一つとなる可能性を秘めていると言えるでしょう。

当館は今、誰もが来たいときにさまざまな楽しみ方ができる美術館となるよう一歩ずつ進んでいます。今年（二〇二二年）は視覚に障害のある大人の方にも来館いただけるよう、触知図付きの点字ガイドブックを作製したほか、ご予約いただいた日時で鑑賞のサポートを試行しています。一カ月前までに当館教育普及室にご連絡ください。ご来館をお待ちしております。

（『点字毎日』活字版、二〇二二年九月二二日）

当館で作成した絵画の触図、建築模型など。「国立西洋美術館　点字・触知図ガイドブック」は、インフォメーションでお渡ししています

三重県立美術館
誰もが自由でいられる環境を目指して

鈴村麻里子
すずむら・まりこ　三重県立美術館学芸員

近鉄・JR津駅の西口からゆるやかな坂を上ると丘の上に三重県立美術館が姿を現します。当館は、地域ゆかりの作家による作品だけでなく、日本近代洋画やスペイン美術を積極的に収集し、開館四〇年を迎えた今、所蔵品は六〇〇〇点を超えます。二〇一八年には「三重県立美術館のめざすこと」というビジョンも策定。「ユニバーサル」の考え方にも通じる「誰もが利用しやすい環境」を整えることを活動指針の一つに定めています。

「誰もが利用しやすい」とは、いったいどんな環境なのでしょうか。私自身は、誰もが自由に選んだり決めたりできることがとても大切だと考えています。ミュージアム側は、さまざまな可能性を想像して、柔軟に対応する必要があるのではないでしょうか。

私自身、相手の予想外の反応で自分の思い込みに気づき、ハッとしたことが何度かあります。ここでは触察に関するエピソードを二つ紹介します。

一つ目は、知的障害のある児童生徒さんが通う特別支援学校で、美術館の所蔵品を展示する準備をしていた時のこと。担当の先生から、「さわれる作品を展示してほしい」という依頼がありました。それまで私は、作品の触察は視覚に障害のある人の鑑賞方法の一つだと思っていました。聞けば、知的障害の生徒さんにとって、触覚を使うことは作品を認知する上で大きな助けになるそうです。いざ作品をさわれる状態で展示してみると、多くの生徒さんが、いきいきと作品にアプローチしていくではないですか。触覚を活用することで、作品を鑑賞しやすく

「美術にアクセス！」展の入口カウンター。ゴム手袋や白手袋、使い捨てイヤホン、印刷物等が並ぶ

なる晴眼者もいると気づかされた瞬間でした。

二つ目は、目の見えにくい子どもさんが来館した時のこと。うれしくなって、つい触図や彫刻の触察を強く勧めてしまいましたが、彼女が積極的にさわることはありませんでした。先生によれば「さわることをまだ少しこわがっている」とのこと。人によって希望はさまざまだという当たり前のことに気づきハッとしました。ほかの方法をすぐに提案できたら彼女はもっと楽しめたかもしれない、と今振り返っても苦い思い出です。

「美術にアクセス！」展の第3章「彫刻にさわる」のコーナー。7点中5点は、会期中いつでも誰でも触察可能にした（撮影：松原豊）

――属性、出自とらわれず

属性やバックグラウンドに関係なく、誰もが自分の望む鑑賞方法を選び、互いに意思を尊重し合える空間を作れないだろうか――そのような考えのもと、昨年度当館では「美術にアクセス！――多感覚鑑賞のすすめ」という展覧会を行いました。会場には、会期中、いつでも誰でも彫刻にさわれるコーナーも設けました。来館者が「手袋をはめてさわりたい」「音声による解説を聞きたい」など、希望に沿った鑑賞方法を選べるよう、カウンターにはツールやサインを設置。しかし、数ある選択肢を整理して提示するのに苦戦しました。あれもこれもできるという案内の洪水は、来館者を面食らわせたかもしれません。

触察プログラムは今年（二〇二二年）も続きます。今年展示するのは、当館のコレクションを代表する彫刻家・柳原義達《よしたつ》の小ぶりなブロンズ彫刻です。作家の意図に思いを馳せ、作品の本質に肉薄するために、落ち着いてじっくり触察できる展示を同僚が企画しています。その名も「さわって楽しむ　柳原義達の作品」（一一月一五日～一二月一一日）。座ってさわる、立って見るなど、さまざまな鑑賞スタイルが共存する空間になる予定です。ぜひ展示を体験しにいらしてください。

（『点字毎日』活字版、二〇二二年一〇月二〇日）

三重県立美術館が所蔵する佐藤忠良「群馬の人」を、三重県立特別支援学校・西日野にじ学園に展示。生徒たちがさわって鑑賞（撮影：松原豊）

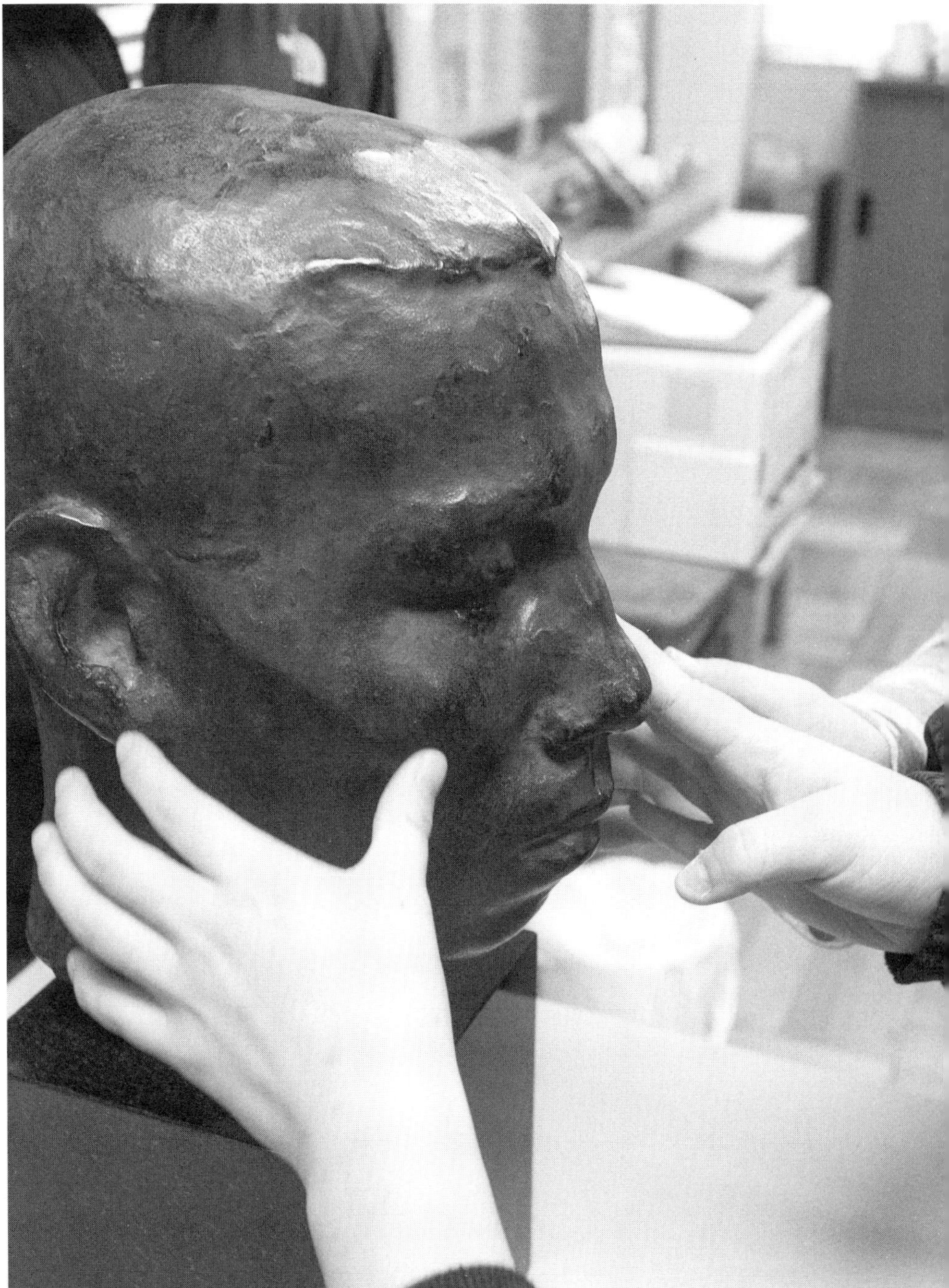

はだの歴史博物館

小規模博物館でも、できることを

横山諒人
よこやま・りょうと　はだの歴史博物館学芸員

はだの歴史博物館は、神奈川県秦野市《はだの》にあります。東京都心から小田急電鉄で約一時間の渋沢駅から徒歩二〇分、秦野市立桜土手古墳公園の中にあります。秦野市は、神奈川県唯一の盆地地形で、東、北、西を丹沢山麓に、南は大磯丘陵に囲まれた緑豊かな地域です。

当館は、考古学を専門とする秦野市立桜土手古墳展示館が二〇二〇年の開館三〇周年に「秦野市の歴史と文化」を紹介する歴史博物館に生まれ変わりました。しかし、考古学専門の博物館として始まったため、各専門の学芸員がいるわけではなく、職員は文化財行政の事務も行っており、日々、地域の歴史や文化を勉強しながら展示等に取り組んでいる小規模な博物館です。

私が勉強してきたことがモノを研究対象とする考古学だったこともあり、「触らないと資料については分からないよな」と、採集資料を使った「さわる展示コーナー」を設置したことがありましたが、「誰もが楽しめる博物館」への取り組みを積極的に行うようになったのは「ユニバーサル・ミュージアム研究会」に参加するようになった二〇一七年以降のことです。

当館の「誰もが楽しく学べる」取り組みについて紹介します。

まず、二〇二一年に実施した近隣大学である東海大学との提携事業として、学芸員課程を履修する学生と「さわる展示コーナー」を制作し、常設展示したことです。学生たちに展示台の作製から資料

「さわる展示コーナー」の展示解説について検討する学生たち＝神奈川県平塚市の東海大学松前記念館で（2021年）

の選択・展示、解説文の執筆までを行ってもらいました。展示の解説では、どの時代の土器なのかという情報のほかに、触った時の感じや軽くたたいた時の音など触った時に感じる情報を解説しています。来館者へのアンケートでは、「一つ一つ違う音で面白かった」、「縄文土器の底は、外側がツルツルしているのに、内側はザラザラしていて一つの作品で二つの触感が味わえて新鮮だ」といった感想をいただきました。現在の「さわる展示

さわる展示コーナーを体験する来館者（2021年）

「さわって観察！触察コーナー」を体験する来館者

――さわる展示で一歩ずつ

コーナー」には、二〇二二年の夏に当館で博物館実習を受けた学生たちによる黒電話からスマートフォンまでの電話機の変遷も加わっています。

次に今年（二〇二三年）の春に開催しました「石が語る秦野のくらしと祈り」という企画展で「さわって観察！触察コーナー」を設置しました。ここでは、縄文時代に使われた石器である磨石《すりいし》や石皿、打製石斧《せきふ》、磨製石斧のほか、指が切れてしまうほど鋭利な刃をもつチャートや黒曜石製の石器作りで出てくる破片である剥片を展示しました。磨石はドングリなどの木の実を潰した道具であるため、表面がツルツルしていますが、自然界にある丸い石は表面が研磨されていないためザラザラしています。それを比較できるよう紙で包んで手の感覚で磨石が分かるように展示したほか、それぞれの触った時の感じをホワイトボードに書き、来館者に石器や石材の違いを楽しめるコーナーを設置しました。

取り組みたいことはたくさんありますが、小さな博物館であるため、小さな一歩でしか進むことができません。それでも「誰もが楽しく学べる博物館」を目指して取り組んでいきたいと思いますので、ぜひ当館へお越しください。

（『点字毎日』活字版、二〇二三年一一月一七日）

ベルナール・ビュフェ美術館

絵を「みる」さまざまな方法

井島真知

いしま・まち　ベルナール・ビュフェ美術館学芸員

ベルナール・ビュフェ美術館は、静岡県の東部、長泉町《ながいずみちょう》にある私立の美術館です。フランス人画家、ベルナール・ビュフェの作品を約二〇〇〇点収蔵し、常に一〇〇点余りを展示しています。長泉町は、静岡県内でも出生率が高く、子育てしやすい町としても知られています。そんな町にある美術館として、子どもの頃から美術館に親しんでもらおうと、一九九九年から館内に「ビュフェこども美術館」を併設しています。子どもたちがビュフェの絵に親しめるように、絵の人物と同じような衣装を着て額縁に収まる「ヘンシンコーナー」があるほか、遊びながらいろいろな感覚を経験できるように、木のボールプールや、さまざまな形を触ることができる引き出しなどが置かれています。このこども美術館は視覚以外の感覚を用いて楽しむことができる場でもあり、視覚に障害のある方々にもご利用いただいています。「ヘンシンコーナー」にある額縁も、実際にビュフェの絵に使われていたもので、写真を撮るための枠としてだけでなく、触ることもできます。

ビュフェの絵について、何かもっと触ることができるものをつくれないか、と考えて昨年（二〇二一年）作ったのが、ビュフェの静物画を再現したテーブルです。ビュフェは、テーブルの上に皿や瓶、水差しなどが置かれた静物画を数多く描いています。ビュフェの絵は黒い輪郭線が特徴で、比較的「触図」に表現しやすい作風ともいえます。しかし、瓶や水差しなどの立体物は線を用いて平面的に描か

ビュフェの静物画を再現したテーブル（下）と、ビュフェの描いた絵（上）

れており、実際に立体物を触った感覚と、描かれたものとの間にあるギャップを、触図だけで鑑賞するのはなかなか難しいとも感じました。そこで、静物画を立体物で再現したテーブルと、触図をあわせて鑑賞できるようにしてみました。立体物と触図の両方を触ってみることで、「何が描いてあるか」だけでなく、ビュフェが「どのように表現したか」についても気づきやすくなるのではないかと考えたからです。実際、全盲の方と触って鑑賞してみると、「立体物を触ってから触図を触る方が分かりやすい」「瓶を絵に描くとこうなるのか」との感想もありました。

立体プリンターでつくった触図。絵全体のもの（左）と、瓶単体のもの（右）

――立体物や触図 体感

　再現テーブルと絵を比べてみると、テーブルは真上から見たように描いているのに、その上の瓶や水差しは横から見たように描いてあり、一つの絵の中に異なる角度からの視点が存在することにも気づきます。晴眼者は、この再現テーブルを写真に撮ってみると、決して絵のようにはならないことに気づくでしょう。再現テーブルと絵を比べてみたり、その絵について言葉で描写したりすることで、晴眼者もまた、ビュフェの表現について発見がしやすくなりました。

　視覚に障害のある方もさまざまで、触ることに対する慣れの度合いや、好む鑑賞法もいろいろです。会話しながらみる、立体物を触ってみる、触図を触ってみるなど、絵を「みる」いろいろな方法を提供し、視覚に障害のある人もない人もそれぞれの気づきを伝えあう、そして、そこにまた新しい発見がある、そんな美術館にしていきたいと思っています。

　絵を鑑賞するとは、何が描いてあるかを理解するだけではなく、絵をきっかけに何かを感じたり、描いた人のことを考えてみたり、自分の経験と結び付けたりということなのだと思います。絵を「みる」さまざまな方法を工夫することで、美術館で絵を鑑賞する楽しさや意味もより見つけやすく、多様になるのではないか、と思っています。皆さんの感想もお聞かせください。

（『点字毎日』活字版、二〇二二年一二月二二日）

日本科学未来館

さわってわかる！宇宙のくらし

佐野広大

さの・こうだい　日本科学未来館科学コミュニケーター

日本科学未来館は東京お台場（江東区青海）にある国立のミュージアムです。科学技術をテーマとしつつも、その面白さや素晴らしさだけではなく、人や社会に及ぼす影響や関わり方も含めて、ともに考え語り合うための場として活動しています。

二〇二一年に開館二〇周年を迎え、初代館長・毛利衛に代わり、全盲でアクセシビリティ技術の開発に長年携わる浅川智恵子が新館長に就任しました。視覚障害者の未来の生活を支える研究開発を行う「未来館アクセシビリティラボ」を館内に設置するなど、アクセシブルなミュージアムとして世界に誇れるモデルになるべく取り組みを続けています。

常設展示「こちら、国際宇宙ステーション」

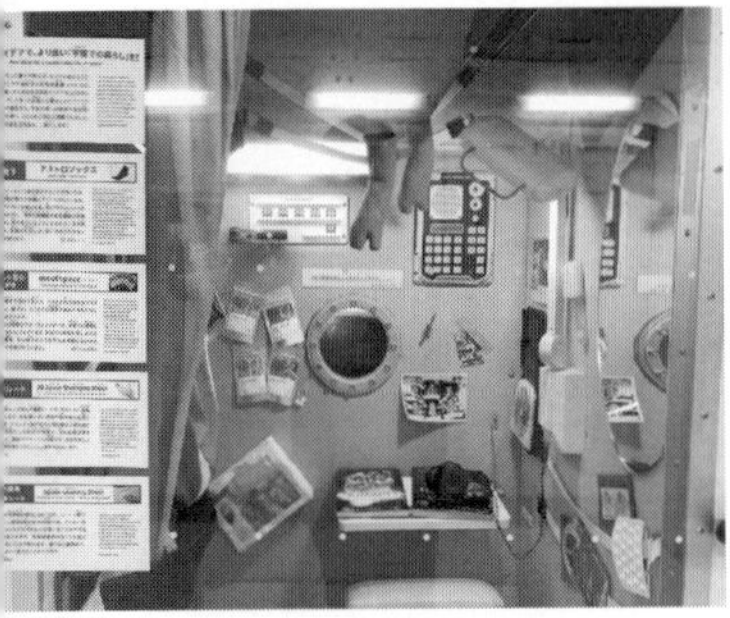

再現された国際宇宙ステーションの居住設備

そんなアクセシビリティ強化の取り組みの一つとして現在（二〇二三年一月）、企画を進めているのが、視覚障害者向け展示ツアー「さわってわかる！宇宙ステーションのくらしツアー」です。

宇宙開発は関心の高い科学技術分野の一つですが、視覚情報なしに想像を膨らませることは簡単ではありません。二〇世紀になって初めて人類が進出できた宇宙。そこで長期滞在することを可能にした国際宇宙ステーション（ＩＳＳ）とその中でのくらしを知ることは、日常生活の世界観をも広げることにつながるのではと考えました。

まずＩＳＳとはどんな形のものなのか。それを知ってもらうために、「未来館アクセシビリティラボ」協力のもと、３Ｄプリンターを用いてＩＳＳ全体の形が分かる精巧な模型を作成しました。大きく目立つ八枚のソーラーパネルや宇宙飛行士が滞在するエリアなど、模型を触ることでISSの全体像や各部位の機能をつかんでもらいます。更にISSだけでなく、ISSに行き着くためのロケットの模型も製作しています。参加者自身で模型を動かしたり、実際の打ち上げと同じようにロケットエンジンを切り離したりしながら、地球からISSまでの道のりを直感的に理解していただけます。

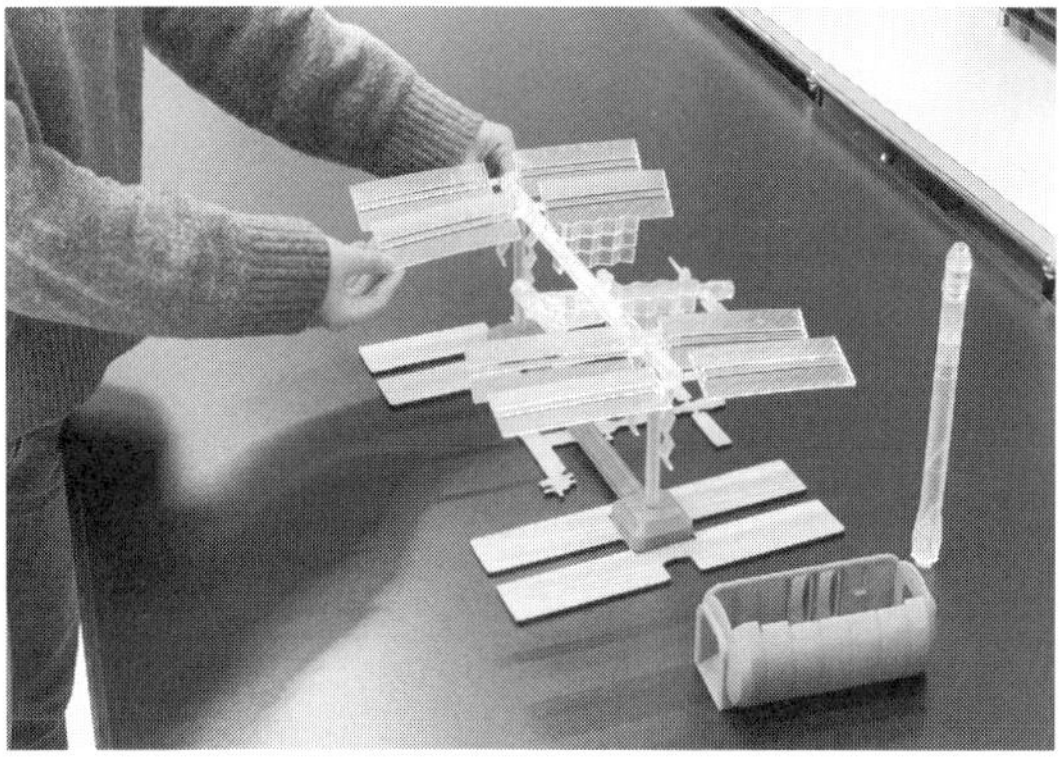
国際宇宙ステーションの触察模型

――世界が広がる体験を

更にこのツアーでは、縮小模型だけでなく、宇宙での生活をリアルなサイズでも体感してもらいます。常設展示「こちら、国際宇宙ステーション」では、ISS内にある日本の実験棟「きぼう」の実物大模型の中に、宇宙飛行士が暮らす居住空間を再現しています。ほぼ無重力の空間で暮らすための工夫が多数存在する居住空間の外壁や内部、ふだんは触ることのできない居住設備にも、このツアーでは特別にじっくり触れてもらいながら宇宙でのくらしを具体的にイメージします。

複数の模型などで多様な角度から情報を提示することについては、国立民族学博物館の広瀬浩二郎先生、筑波大附属視覚特別支援学校の先生方からのアドバイスも大いに参考にさせていただきました。

元々この企画では、ツアー参加者に新たな世界を感じていただきたいというところを目的としていますが、企画の過程で視覚障害のある当事者の方々と関わりをもつことで、企画者である私自身の世界観が広がる経験をしました。このツアーに限らず、ミュージアムという多様な人に開かれる場において、より多くの人にそんな体験をしてほしいと思っています。

ツアーは二〇二三年三月の一般公開を予定しています。その際はぜひお台場まで、宇宙でのくらしを体感し、世界を広げに来ていただけたらと思います。

（『点字毎日』活字版、二〇二三年一月二六日）

ボーダレス・アートミュージアムNO-MA（ノマ）

別の感覚に置き換え、ときに意訳する

山田創
やまだ・そう　元・NO-MA学芸員、現・滋賀県立美術館学芸員

滋賀県にボーダレス・アートミュージアム「NO-MA（ノマ）」という障害のある人や現代美術家による作品を分け隔てなく展示するというコンセプトの小さな美術館があります。わたくしごとですが、実はこれまでNO-MAで学芸員をしてきた期間が長く、現在の所属先である滋賀県立美術館には昨年（二〇二一年）八月に転職したばかりです。このような事情から今回はわたしがNO-MAで関わってきたことについて書きたいと思います。

　NO-MAでは、二〇一八年ごろから障害のある人と美術鑑賞の間にある距離感を埋める取り組みへの挑戦を始めました。広瀬浩二郎さんにもお力添えをいただき、さまざまな実践を重ねた数年間でした。実践の末にたどり着いたのが昨年（二〇二一年）から始まった鑑賞サポートです。これは、視覚的な作品を視覚以外の情報に翻訳する取り組みです。

鈴木かよ子さんの作品の触図（点字・触図工房 BJ 制作）

　具体的には、丈夫な立体作品は可能なかぎり触れる「ハンズオン展示」にし、絵であれば線を立体的に浮かび上がらせる「触図」を制作するなど、作品を視覚以外の要素に置き換えた展示物を用意しています。他方で、この置き換えは、なかなか一筋縄ではいきません。

　例を挙げます。とある障害者支援施設に長年入所し、何十年もかけてはがきサイズほどのシンプルな自画像を何万枚も描き続けてきた鈴木かよ子さんの展示です。絵に捧げられた途方も無い年月と労力を表すために、壁を埋め尽くすように絵を配置する展示をしました。

　さて、どう翻訳するか。触図を一枚

作っても量は伝わりません。かといって展示している枚数分の触図を量産しても、触り手にとっては似たような触察の繰り返しとなり、飽きてしまうでしょう。言葉で枚数を伝えることも有効ですが、臨場感に欠けます。

　そこで私たちは、触図を数枚作りつつ、それと並行して、展示してあるのと同じ枚数の白紙を入れた箱を用意しました。触図の触察後、箱の中に手を入れていただき、手触りで量を感じていただくという方法です。

壁を埋め尽くすような鈴木かよ子さんの作品展示風景

――手ざわりで伝える方法をひねり出す

　これが正解かは分かりません。ただし、量や時間といった直訳しづらい視覚的要素に対しては、なんとか「意訳」をひねり出すことで、展示の要点をお伝えするべくチャレンジするのが鑑賞サポートです。

　現在、NO-MAでは、基本的に全ての展覧会（性質上、不可能なものもあるのですが）の、全出展者の作品について、鑑賞サポートを用意しています。単発の企画ではなく、恒常的な体制として成立しているというのは、（関係者としては手前味噌ですが）なかなか先駆的ではと思います。

　さて、わたしは今、滋賀県立美術館にいます。規模やシステムも異なり、個人的な話ですが、一旦仕切り直しという局面です。ただ、これまでの実践は、場所が変わっても引き継いでいくべきものと考えており、「ユニバーサル・ミュージアム」の実現に向け、手を尽くしていきたいです。

（『点字毎日』活字版、二〇二三年二月二三日）

なぜ「インクルーシブ」ではないのか

広瀬浩二郎
ひろせ・こうじろう　国立民族学博物館准教授（執筆時）

最近はインクルーシブ教育が国際標準とされ、盲学校の生徒数が減っている。これでいいのだろうか。日本の盲学校は、職業教育と密接な関係を持つ。中世に琵琶法師が当道座という自助組織を結成し、平曲などの芸能を音と声で伝えてきた。近世には按摩・鍼灸が盲人の専業となり、師匠から弟子へ、手を介して技術が伝承された。聴覚・触覚を生かした職業は前近代の盲人の自立を可能とし、明治以降の盲学校の発展につながっていく。

　たしかに障害者と健常者が個性を尊重し合うインクルーシブ社会は、僕たちがめざすべき理想である。しかし、ここで僕は誰が誰をインクルード（包含）するのかと考えてしまう。健常者が障害者をインクルードする一方向の発想をどうやって乗り越えていけるのか。僕たちは少数派が主体となる逆方向のインクルージョンを提案していかなければならない。

　「ユニバーサル・ミュージアム」な仲間たちの連載は今回で終了する。

福岡・直方駅前に設置された大相撲の魁皇像にさわって、エネルギーを注入！
（撮影：田中佐和子）

ユニバーサル・ミュージアムには明確なゴールがない。多彩な仲間たちがそれぞれのスタンスで、「誰もが楽しめる」実践に取り組む。その過程でユニークな展示、ワークショップが生まれる。更にパワーアップしたユニバーサル・ミュージアムのリポートを数年後に再びお届けできれば幸いである。

　誰もが楽しめる博物館を創る活動を要約する語として、僕たちは「インクルーシブ」ではなく、「ユニバーサル」を使っている。インクルーシブが既存の価値観・世界観にさまざまな人々を取り込む試みだとすれば、ユニバーサルは新たな生き方を開拓する挑戦といえる。健常者の見識・見解を前提とする博物館に、視覚障害者が足を踏み入れる。視覚障害者には「見学」という博物館の常識が通用しない。ここで役立つのが聴覚や触覚を大切にしてきた視覚障害者の経験、盲学校教育の蓄積である。さわる展示、五感を活用する学習プログラムの立案は障害者支援ではなく、健常者をも巻き込むユニバーサル（普遍的）な博物館を築く第一歩となるに違いない。

さわると　わかる　わかると　かわる！
ユニバーサル・ミュージアム
さわる!“触”の大博覧会　岡山巡回展2023
Traveling Exhibition 2023 in Okayama "UNIVERSAL MUSEUM" Exploring the New Field of Tactile Sensation
2023.4.1(土)–5.7(日)
OHK岡山放送

「さわらない・さわれない」コロナ禍の試練を乗り越え、「さわる文化」を掲げて全国展開する「ユニバーサル・ミュージアム」の初回・岡山巡回展のチラシ。ぜひ会場にお運びください！

――障害者主導の文化発信

　日本の障害者福祉の先達・糸賀一雄は「この子らを世の光に」という名言を残している。「この子らに世の光を」という従来の福祉のあり方を根本から問い直す糸賀の寸言は、今もなお色あせない。糸賀の理念を一歩進めて、僕は「この子らから世に光を」と言いたい。「この子らから」の「ｆｒｏｍ」の思想には、琵琶法師の平曲のように、障害者が主導するユニバーサルな文化を発信しようという決意が込められている。

　二〇二一年の秋に実施された国立民族学博物館の特別展「ユニバーサル・ミュージアム」は、僕たちの活動を集大成する大イベントだった。「さわらない・さわれない」コロナ禍の極限状況で開かれた本展は、「なぜさわるのか」「どうさわるのか」という根源的な問いを僕たちに投げかけた。コロナ禍によって鍛えられた「さわる文化」は、今春からユニバーサル・ミュージアム巡回展として全国展開する。巡回展の初回は二〇二三年四月一日～五月七日、岡山開催である。各地の視覚障害者にぜひ僕たちの仲間に加わってもらいたい。みなさん、巡回展の会場でお会いしましょう！

（『点字毎日』活字版、二〇二三年三月二三日）

10

「ユニバーサル」の未来に向けて

10章は「ユニバーサル・ミュージアム学」の今後を展望する書き下ろしです。「ユニバーサル・ミュージアム研究会」は二〇〇九年に活動を開始し、各地の博物館・美術館で講演会やワークショップを実施してきました。触発の連鎖は少しずつ広がり、「ユニバーサル」に関心を持つ研究者・学芸員・アーティストが確実に増えていることを実感します。「ユニバーサル」とは単なる理論ではなく、思想であり、人間の生き方そのものでもある。「ユニバーサルであること」の意味を身をもって示してくれた小山修三先生が、二〇二二年一〇月に亡くなりました。本章は、長きにわたり研究会を引っ張ってきてくださった小山先生への追悼でもあります。さあ、コロナ禍によって鍛えられたユニバーサル・ミュージアム研究会の挑戦は、いよいよこれからが本番です。触感豊かな人類の未来を切り開くために、読者の中から僕たちの新たな「仲間」が生まれることを期待します。

◉ユニークな巡回展

二〇二一年の秋、コロナ禍の真っ只中で国立民族学博物館（民博）の特別展「ユニバーサル・ミュージアム――さわる！〝触〟の大博覧会」が開催された。二〇二三年の春以降、「ユニバーサル・ミュージアム」の巡回展が各地で開かれている。コロナ禍が収束から終息に向かう今、たくさんの人に〝触〟の可能性を実感してもらえるのは嬉しい。

特別展「ユニバーサル・ミュージアム」では、民博所蔵資料の出展はなく、さわることを前提に制作された多彩なアート作品が会場に並んだ。館の収蔵資料を使わない巡回展は珍しいが、「ユニバーサル・ミュージアム」という概念は民博で生まれたものである。展示物との触れ合いを通じて、「ユニバーサル・ミュージアム」という新たな考え方に親しみ、共感する。そんな巡回展があってもいいだろう。

民博の「さわる展示」は、いわゆるハンズオンとは一線を画する。特別展では「音にさわる」「風景にさわる」などのセクションを設け、身体感覚への気づきを促した。その趣旨を継承し、巡回展でも単に手でさわるのみでなく、全身の触覚を刺激する仕掛けが工夫されている。博物館の展示は見ること、見せることを前提に発展してきた。「ユニバーサル・ミュージアム」展では視覚優位の常識を問い直すため、モノの迫力を体感できる空間配置に心がけている。

◉「さわるマナー」の定着のために

民博の本館展示の基本コンセプトは「露出展示」である。ガラスケースは極力置かず、モノの魅力を間近で味わってもらうのが民博の伝統といえる。結果として、民博で展示される多くの資料には、手を伸ばせばさわ

HALL
博覧会　岡山巡回展2023
NTT 西日本
OHK岡山放送

「ユニバーサル・ミュージアム――さわる！“触”の大博覧会　岡山巡回展2023」
（2023年4月1日～5月7日、岡山放送本社9階・KURUN HALL）

会場入口のタイトルパネルには、点字がデザインとしてあしらわれている。
子どもたちだけでなく多くの来場者が「点字」に触れて、展示への期待を高めていた。

「ユニバーサル・ミュージアム――さわる！“触”の大博覧会　岡山巡回展2023」
の出展作品より

［右列上から］
島田清徳「境界 division-o-2023」
前川紘士「触る線のドローイング（ボリューム 2）」
堀江武史「服を土偶に」
［左列上から］
高見直宏「群雲／叢雲――エクトプラズムの群像」
渡辺泰幸「土の音」
大塚オーミ陶業株式会社・陶板名画「風」「日傘の女」

ることができる。資料保存の観点で、展示物に積極的にさわることを奨励するのは難しい。「ユニバーサル・ミュージアム」展でも出展作品の汚損・破損が多発し、そのメンテナンスが大きな課題となっている。とはいえ、自由にさわることができる民博の柔軟性と寛容さは、これからも堅持していきたい。

「さわってもいい」を「ぜひさわってほしい」に変換していくためには、「さわるマナー」の定着が不可欠である。清潔な手で優しく丁寧にさわる。来館者と博物館がこのシンプルな原則を共有できれば、汚損・破損事故は激減するだろう。では、なぜ「優しく丁寧に」さわらなければならないのか。民博の展示物は世界各国・地域の人々が創り、使い、伝えてきたものである。多くの場合、創・使・伝は人間の手を介してなされる。民博の資料にさわるとは、創・使・伝を追体験する行為ともいえる。多種多様なモノの背後には、それを創り、使い、伝えてきた人がいる。目に見えない人の存在をどうやって、どれだけ想像できるのかが「さわる展示」のポイントである。

「ユニバーサル・ミュージアム」に出展されるアート作品は、作家が制作したものなので、比較的容易に「人」を意識できる。子どもたちが乱暴に展示物を扱っていたら、「これを一生懸命に作った人がいるんだよ。作品が壊れちゃったら、その人はどう思うかな」と問いかける。物に優しく丁寧にさわる経験は、者との対話にリンクする。「ユニバーサル・ミュージアム」という民博発のコンセプトを宣揚する触発の連鎖が、全国に広がることを願っている。

◉小山修三先生との出会い

大規模な特別展、さらにはその巡回展を実現するに当たっては、多くの仲間の参加・協力をいただいた。常に僕の背中を押してくれるのが、前章で紹介した「ユニバーサル・ミュージアム」な仲間たちである。僕が初めて公的に「ユニバーサル・ミュージアム」という語を用いたのは、二〇〇六年の民博の企画展「さわる文字、さわる世界――触文化が創りだすユニバーサル・ミュージアム」だった。二一世紀に入るころから、ユニバーサルデザインの考え方を博物館に応用する動きが各地で始まる。しかし、まだ「ユニバーサル・ミュージアム」の具体的な定義は曖昧だった。僕は民博着任後、〝触〟を切り口として「ユニバーサル・ミュージアム＝誰もが楽しめる博物館」の可能性を追求する実践的研究に取り組んできた。僕の歩みについては、本書第一部でも詳述している。

未熟な僕を励まし、応援してくださったのが小山修三先生（国立民族学博物館名誉教授、吹田市立博物館・元館長）である。残念ながら小山先生は、二〇二二年一〇月にお亡くなりになった。「小山先生の一周忌までに、ユニバーサル・ミュージアム研究の現状を整理し、今後を展望する書籍を作りたい」。そんな思いで僕は本書刊行の準備を進めてきた。「追悼」というのはおこがましいが、あらためてここで小山先生との一五年ほどのお付き合いを振り返ってみよう。

一九三九年生まれの小山先生は、僕が民博に就職した二〇〇一年当時、現役の教授として活躍されていた。だが、文字どおり雲の上の存在であり、直接お話しする機会はほとんどなかった。小山先生は日本の縄文文化、オーストラリアの先住民・アボリジニ研究の先駆者である。著作を通じて大先輩の業績には接していたが、正直なところ「時々会議に出てきて、大きな声で発言する変なおじさん」というのが小山先生の第一印象だった。そう、失礼を承知で言わせてもらうと、小山先生は僕にとって終始一貫「変な人」なのである。先生との交流が深まっていく中で、この「変」の意味が徐々に変わっていく。

小山先生は民博を定年退職した後、吹田市立博物館の館長となる。「なぜ博物館に来る人が少ないのか」「来館者を増やすために、何をすればいいのか」。こんな単純明快で本質的な問いを掲げ、小山館長のリーダーシップの下、吹田市立博物館では市民参加型の展示やイベントが数多く提案・実施されるようになる。小山先生はガラスケースが並ぶ従来の「古くて冷たい博物館」をぶっ壊す意気込みで二〇〇六年から五年間、実験展示「さわる　五感の挑戦」を行なった。この実験展示に僕はアドバイザーとして関わるようになる。実験展示が始まったころは、小山先生の言葉を借りれば「ただ働き」状態である。「さわる展示を推進する過程で何か問題が起きたら、視覚障害者である広瀬が防波堤になるだろう」という人身御供的な（?）位置づけでのアドバイザーだった。

この五年間の実験展示を通じて、僕は小山先生の「目に見えない」心に触れることができた。傍若無人で誤解されがちな小山先生だが、じつは後輩を育ててやろうという優しさ、思い遣りの持ち主である。小山先生の導きによって、僕が研究者として成長できたことに感謝したい。僕と同じように、「小山先生の頼みなら仕方ない」と、「ただ働き」を喜んで引き受ける同僚がたくさんいた。念のため、たしか実験展示の三年目からは、きちんとアドバイザー謝金をいただいていたことを付言しておく。

小山先生と僕を結びつけたのは〝触〟の思考・発想力である。視覚障害者である僕は盲学校での触学・触楽体験を通じて、さわることの大切さを実感した。特別展「ユニバーサル・ミュージアム」のキャッチコピー「さわるとわかる、わかるとかわる」は、まさに僕の人生・研究を象徴する言葉である。一方、考古学が専門の小山先生は豊富な発掘調査を介して、「さわらなければわからないこと」を発見する研究活動に従事した。小山先生はよく「過去の人が残したごみ拾いをしているのが考古学者だ」とおっしゃっていたが、そもそも

「ごみ」とは人間が手で創り、使ってきた有形物といえよう。そんな「ごみ」に触れる研究によって、過去と現在をつなぐことができるというのが小山先生の持論だった。

まったく違う角度から〝触〟にアプローチする二人が民博で出会う。僕と小山先生の触れ合いが深化していくのは、偶然でもあり必然でもあったのではないかと感じている。二人の〝触〟に対する向き合い方が、民博の「さわることができる」展示を触媒として鍛えられたのは言うまでもないだろう。

◉研究会の立ち上げ

二〇〇六年の企画展終了後、僕は〝触〟をテーマとする講演、ワークショップの依頼を引き受けるようになる。各地に出張する機会も多くなり、博物館関係の友人・知人も増えた。そんな僕に対し、小山先生は二つのアドバイスをくださった。「一人で頑張るのもいいが、これからは賛同者・同志を集めて共同研究をしていくべきだ」「さわる展示の開発・普及は学術的にも社会的にも有意義な研究なのだから、科研費（科学研究費補助金）を獲得し、公的な裏付けの下で成果を発信していこう」。二〇〇九年、「誰もが楽しめる博物館を創造する実践的研究」が科研費プロジェクトとして採択される。研究代表者は僕だが、じつはこのプロジェクトの申請書はほとんど小山先生が書いてくださったものである。大先輩に「ただ働き」させたのだから、まあお互い様というところだろうか。

科研費のプロジェクト名は長くて親しみにくいので、僕たちは通称として「ユニバーサル・ミュージアム研究会」を用いることにした。当初、研究会メンバーは一〇名ほどだった。考古学者やアーティスト（小山人脈）、視覚障害の当事者や博物館教育の専門家（広瀬人脈）が集う毎回の研究会は、よく言えば学際的、わかりやすく表現すれば「ごちゃまぜの異種格闘技戦」といえる。ここから何か新しいことが始まるという興奮、新しいことを始めるのは自分たちなのだという熱意があふれていたのは確かである。変化・変革を求めるという意味で、ユニバーサル・ミュージアム研究会は「変人」集団であるということができる。設立から一〇年以上が経過した現在、研究会のメーリングリストには全国の一二〇名余の同志が登録している。

二〇一〇年一月、ユニバーサル・ミュージアム研究会の最初の実地調査として、僕たちは青森県の三内丸山遺跡を訪ねた。小山先生の紹介で収蔵庫に入れてもらい、縄文土器を思う存分に触察した。大量の縄文土器に自由に触れる経験は新鮮で、研究会の原点としても思い出深い。貴重な資料、考古遺物などに触れる場合、視覚障害者は椅子に座り、机の上に置かれた土器などにそっと手を伸ばす。誤って資料を倒したり落としたりしてはいけないので、さわる人も、さわらせる人も緊張する。ところが三内丸山遺跡では、土器が並ぶ棚に沿って、視覚障害者が自分のペースで動き回った。放し飼い状態である。

博物館の展示場はもちろん、現代の「安全第一」の社会では、視覚障害者が自らの意思で単独歩行できる場面は意外に少ない。収蔵庫内を手と足で探索しながら、僕は「縄文時代には点字ブロックや音響式信号機などはなく、ガイドヘルパー（外出支援者）もいなかったんだ」という事実を再認識した。小山先生に言わせれば、放し飼いが許容される縄文時代は、障害者にとって幸福だったのかもしれない。

「なんだか楽しそうだから、我々も土器にさわってみよう」。三内丸山遺跡の収蔵庫では、触察欲・触察力の両面で視覚障害者（触常者）が晴眼者（見常者）をリードしていた。視覚障害者に触発されて、晴眼者も手を伸ばす。こんな光景がユニバーサル・ミュージアム研究会の特徴となっていった。

三内丸山遺跡で〝触〟の醍醐味を満喫した僕たちは、ハイテンションのまま、翌日には青森県内の美術館に足を運んだ。しかし、その美術館では絵画の展示が中心で、さわれる作品は何もなかった。がっかりしつつ、美術館の廊下を歩いていると突然、小山先生が大きな声で「この美術館は滅びるぞ！」と叫んだ。先生の絶叫は広くて静かな展示場に響き渡った。「滅びる」とは、「伝統」「権威主義」を否定する小山流の寸言だろう。青森訪問以降、「滅びる」は研究会の流行語となる。「不滅」のユニバーサル・ミュージアムを築くにはどうすればいいのか、各人各様の試行錯誤が始まり、そのノウハウが研究会に蓄積されていく。ちなみに、小山先生の怒りの声が聞こえたわけではないと思うが、件の美術館でも近年、さわることができる現代アート展が開かれるようになった。

ユニバーサル・ミュージアム研究会は科研費、および民博の共同研究プロジェクトの枠組みで活動を継続し、これまでに大規模なシンポジウムを三回開催している。各シンポジウムの内容は三冊の拙編著にまとめられており、そのすべてに小山先生も寄稿してくださった。書籍という形で研究成果を広く一般に公開する一連の流れにおいて、小山先生の行動力、有言実行の精神が僕を勇気づけたのは疑いない。本書９章で掲載した『点字毎日』の連載記事は、ユニバーサル・ミュージアム研究会メンバーによる最新の実践事例報告である。

ユニバーサル・ミュージアム研究会では啓発も兼ねて、各地の博物館・美術館を積極的に訪れ、ワークショップや講演会を行なってきた。講演会ではしばしば小山先生の暴言が飛び出して、ハラハラさせられた。「おまえの発表は、ちっともおもしろくない」と、小山先生から愛の鞭をいただくメンバーも頻出した。小山先生が喫煙のために中座するかどうか、先生のいびきが聞こえるかどうかで、僕たちはその日の研究会の成否を判断できた。スリル満点の講演会やワークショップ、あるいは民博でのシンポジウムをきっかけとして、研究会に参加するようになった「変人」も多い。

たしかに、ユニバーサル・ミュージアムに関心を持つ学芸員・大学教員・アーティストはこの一〇年余で確実に増加した。日本の博物館に変化・変革をもたらすために、ユニバーサル・ミュージアム研究会は一定の役割を担ってきたと自負している。今、こうして終章の原稿を書き進める僕の胸に、小山先生の大きな声が響く。「おまえのユニバーサル・ミュージアム学はどこへ向かうんだ」「事例報告を積み上げるのもいいが、その核となる学知の体系をしっかり固める時期なのではないか」。そう、不滅のユニバーサル・ミュージアム研究会はこれからが正念場なのである。

◉「特別支援」から「普遍性」を築く

数々の暴言、はたまた名言を残した小山先生はある時、僕にこうおっしゃった。「最近は『めくら』が威張る時代になったんだなあ」。これほど簡潔にユニバーサル・ミュージアムの本質を言い当てた言葉はないだろう。小山先生はいわゆる差別語を連発する方だったが、多くの場合、「めくら」「土人」などの語は意識的・戦略的に使用されていたと感じる。小山先生の訃報に接し、僕は以下のような弔電を送った。

「時間と空間を飛び越えて縄文やアボリジニの研究に取り組んだ小山先生。どこでも誰とでも垣根なく心を通わせる先生に刺激されて、僕は『ユニバーサル』を追求してきました。先生の声、言葉を忘れません。先生に教えていただいたユニバーサルな研究の大切さ、楽しさを後輩たちに伝えていくことを約束します。さまざまな人・物と僕をつないでくださった小山先生、ありがとう」。

小山先生は、あらゆる意味で「垣根」のない人だった。僕には小山先生の縄文・アボリジニ研究について客観的に論評する力はない。先生の業績が、実証的な研究を重視する考古学者・人類学者から厳しく批判されているのは事実である。良きにつけ悪しきにつけ、小山先生は感性の人だったと思う。何の偏見もなくオーストラリア先住民のコミュニティに入り込み、酒を飲みながら腹を割って語り合う。縄文人を過大評価・過小評価することなく、等身大の彼らの姿を描く。常に、同じ人間として心を通わせる所から小山先生の研究はスタートする。史料や遺物のみならず、自身の皮膚感覚を重んじる小山先生の研究は、既存のアカデミズムとは一線を画する独創性を有していた。

そんな先生が晩年になって〝触〟を手がかりとして視覚障害者の世界にどかどかと踏み込んできたのは、縄文・アボリジニ研究の延長ともいえるのだろう。先生が「めくら」という語を用いる時、そこに悪意がないことを僕は皮膚感覚で理解できた。ユニバーサルとは「普遍的」だけでなく、「宇宙的」とも解釈できる言葉である。宇宙には、あちら側とこちら側の区別がない。僕たちが暮らす地球も、宇宙を構成する一つの惑星に過ぎないのである。小山先生は単なる「変人」ではなく、鋭い皮膚感覚で万物がつながっていることを喝破した「宇宙人＝宇宙的な人」だったといえるのかもしれない。

あちら側とこちら側、支配する者と支配される者、私たちと彼ら。二項対立の壁、人と人を隔てる垣根を取っ払うことが文化人類学の課題とされてきた。民博でも、研究者、現地の人々、来館者が対等な立場で集う「フォーラムとしてのミュージアム」が追求されている。多彩なマイノリティ研究が進展する中で、障害に関してはまだ壁・垣根が残っていると感じる場面が多い。あちら側（健常者）の視点で、こちら側（障害者）の生活を取り上げる研究が主流となっているというのは言い過ぎだろうか。こういった現状を打開していくためには、僕のような障害当事者による発信が必須である。やはり、「宇宙人」を育てるためには、「めくらが威張る」実践を続けていくことが大事だろう。

民博で行われている「宇宙人」を育てる取り組みとして、視覚障害者案内を挙げることができる。これは、先述した「さわるマナー」の普及という意味でも重要である。二〇〇六年の企画展「さわる文字、さわる世界」がきっかけとなり、民博ではＭＭＰ（みんぱくミュージアムパートナーズ）の協力の下、視覚障害のある来館者の展示場体験をサポートしている。盲学校の遠足・修学旅行をはじめ、全国各地の団体・個人から依頼が寄せられる。案内活動では、まずＭＭＰメンバーが各展示場から触学・触楽に適した資料を選び、館内教員のチェックを受けて、プログラムを立案する。企画課の事務職員、複数の研究部スタッフとの協働によって練り上げられる案内プログラムはクオリティが高く、民博独自の来館者サービスとして評価できる。

視覚障害者案内は、社会的弱者に対する支援ではない。じつは、触察をベースとする視覚障害者たちへの展示案内は、優しく丁寧に物・者にさわる実践なのである。たしかに、目が見える・見えないによって、さわり方、さわる意味は異なる。だが、視覚障害者が展示物に接する作法・技法が「さわるマナー」を育むヒントになるのは間違いない。

本書9章に登場した二二名の執筆者（広瀬を除く）はユニバーサル・ミュージアム研究会の中核を担う構成員、いわば小山先生の変人・宇宙人スピリットの継承者である。視覚障害者対応は目的ではなく、「ユニバーサル」を具現するための手段といえる。目の見えない人が博物館を楽しめる環境を整えることで、博物館のあり方を根本から変えていく。研究会メンバーそれぞれが特別支援という枠を脱し、新たな普遍性を模索している軌跡を読み取ってもらえれば幸いである。

◉「見る×さわる」の沃野へ

小山先生は「ユニバーサル・ミュージアムという新たな理念を各地に波及させるためには、巡回展をやらなければならない」と強調していた。先生が巡回展のことを初めて口にしたのは、二〇一二年、民博の本館インフォメーション・ゾーンに「世界をさわる」コーナーが新設されたことを記念して行われた『月刊みんぱく』の対談だった。当時の僕には、どうすれば巡回展ができるのかがわからないし、巡回展の具体像をイメージするのも難しかった。小山先生は「先を見通す力」を持つ方だったと思う。この「先」には、過去と未来の両側面がある。予言者のような小山先生の発言の真意が、数年経ってからようやく僕にも納得できるということがよくあった。ユニバーサル・ミュージアム巡回展の決定（予言の的中）を小山先生にお知らせできなかったのは悔しい。

近年、日本各地のミュージアムで「さわる展示」「さわる鑑賞プログラム」が試みられている。これらの事業は視覚優位・視覚偏重のミュージアムの常識を根底から問い直す挑戦として意義深い。ユニバーサル・ミュージアム巡回展は国内外の「さわる展示」の先例を踏まえ、それらよりも一歩先を行く展覧会であるべきだと考える。

そもそも、視覚（見る）と触覚（さわる）は二項対立の概念・感覚ではない。視覚とは、触角（全身に分布するセンサー）の一部であるといえるのではなかろうか。動物的な触角を取り戻すことで、僕たちは「見る＋さわる」、さらには「見る×さわる」の統一・統合の境地に至るに違いない。ここでは、自己と他者の垣根を取っ払い、全身の触角を通じて森羅万象とつながることを「統魂」と定義したい。ユニバーサル・ミュージアム巡回展は、「見る×さわる」の沃野を開拓し、統魂を育成する実験場といえるだろう。

この実験場は、万人に開かれている。「さわる展示」を媒介として、人類全体をユニバーサル化することがユニバーサル・ミュージアム学の眼目である。ユニバーサル・ミュージアム研究会はこれからも学際的な「触角の実験」を続けていかなければならない。「さわる展示」の背後には、目に見えない変人・宇宙人がいつもいて、空の上から僕たちを叱咤激励してくれていることを忘れずに！

おわりに――「壁」を壊す触角力

二〇二二年一〇月、僕は映画「手でふれてみる世界」(監督・撮影：岡野晃子）のパンフレットへの寄稿を依頼された。この映画は、イタリアのオメロ触覚美術館の活動を取材・撮影したドキュメンタリーである。「統魂」の先達である小山修三先生の訃報が届き、少なからず動揺していた僕は、映画パンフレットに何を書けばいいのか、思考停止状態だった。そんな時、またもや小山先生の力強い声が聞こえた。「学者として滅びないために、おまえはこのまま自分が信じる方向に進めばいい」。これは二〇一九年に滋賀県の信楽で研究会を開いた際、小山先生が僕にかけてくれた言葉である。コロナ禍に翻弄されながらも、どうにかこうにか僕が特別展、そして巡回展にたどり着くことができたのは、この暴言ならぬ望言のおかげだった。

最後に、小山先生の声に導かれて書いた詩を映画パンフレットから引用しよう。なお、オメロとは、盲目の吟遊詩人・ホメロスを指すイタリア語である。ヨーロッパでは古くから「ホメロス＝盲人」伝説が流布しており、触覚美術館の開設に当たって「オメロ」がそのシンボルとされた。今、本書の原稿を通読し、僕にとってのホメロスとは、特定の個人ではなく、小山修三先生をはじめ、ユニバーサル・ミュージアム研究会の同志であると、あらためて実感している。

ホメロスは歩く。全身の触角を駆使して、一歩ずつ前へ進む。彼が歩いた痕跡が道となる。彼には夜と昼の区別がない。彼の内奥から体外へ闇が拡張する。闇は創造の源泉。ホメロスが歩いた未知なる道から、目に見えないものとの対話が生まれる。歩くとは踏み出し、創り出すこと。彼の身魂が風を感じ、風を起こす。触角を鍛えるために、世界とつながるために、ホメロスは今日も歩き続けている。

ホメロスは見破る。触角の代わりに文明の利器を手にした人類は明日を信じて、より多く、より速く、ひたすら前進する。前進とは全身運動であることを忘れた人々が、近代化の過程で喪失したものは何なのか。視覚に過度に依存する現代社会は、「見る／見せる」情報に支配されている。視覚中心主義による「進歩」が見落とし、見捨ててきたもの、視覚を使わない解放感を自覚せよ。無視覚は無死角なり。見えるものと見えないもの、明と暗、優勝劣敗、弱肉強食。人と人を隔てる厚い壁を積み上げたのは誰なのか。統魂は二分法に基づく価値観、人間観を超克する。

ホメロスは語る。詩人は音と声で世界を表現する。触角でとらえた森羅万象の呼吸は詩となる。言葉は音の塊。音が重なり響きあう。文字では言葉の深さを記録できない。口から耳へ、体から心へ、壮大な叙事詩、物語が世界を震動させる。物に語らせる芸と術、物の声を聞き取る共感力を持つ職能者が詩人と呼ばれる。目を閉じれば、体内から詩が湧き出てくる。詩は音楽、絵画、彫刻となり、各人各様の五感を介して覚えられる。全身の毛穴から飛び出す触角は、五つの「覚」、視・聴・嗅・味・触を統合・統一する。

ホメロスはさわる。今、あなたの前にある物に優しく触れてみよう。それが、あなたと世界がつながる第一歩となる。それが、あなたの世界を創る起点となる。生きるとは世界にさわること。どこまでが内部で、どこからが外部なのか、触角は自他の境界を突き抜ける。万物は相互接触している。世界は、万物の触角が交流・交感する場である。触角が世界を創り、触角で世界を伝える。能動的に世界に働きかけるために、触角を伸ばそう。点から線、面から立体、さらに四次元の宇宙（ユニバース）へ。ユニバーサルな触角の旅が世界の感触を呼び覚ます。悠久の歴史を貫く統魂は、ホメロスとあなたをつなぐ！

雨の気配を触角で感じる日に

二〇二三年九月　広瀬浩二郎

著者紹介

広瀬浩二郎［ひろせ・こうじろう］

国立民族学博物館 人類基礎理論研究部 教授。総合研究大学院大学 人類文化研究コース 教授。自称「座頭市流フィールドワーカー」、または「琵琶を持たない琵琶法師」。

1967年、東京都生まれ。13歳の時に失明。筑波大学附属盲学校から京都大学に進学。2000年、同大学院にて文学博士号取得。専門は日本宗教史、触文化論。「ユニバーサル・ミュージアム」（誰もが楽しめる博物館）の実践的研究に取り組み、"触"をテーマとする各種イベントを全国で企画・実施している。2021年9月〜11月、国立民族学博物館において特別展「ユニバーサル・ミュージアム——さわる！"触"の大博覧会」を担当した。最新刊の岩波ジュニア新書『「よく見る人」と「よく聴く人」——共生のためのコミュニケーション手法』（相良啓子との共著）など、著書多数。

ユニバーサル・ミュージアムへのいざない
思考と実践のフィールドから

発行日　二〇二三年一〇月二〇日　初版第一刷発行
著　者　広瀬浩二郎
協　力　ユニバーサル・ミュージアム研究会
発行所　株式会社 三元社
〒一一三-〇〇三三
東京都文京区本郷一-二八-三六 鳳明ビル
電話／〇三-五八〇三-四一五五
ファックス／〇三-五八〇三-四一五六
印　刷　モリモト印刷 株式会社
製　本　鶴亀製本 株式会社

ISBN978-4-88303-577-9
http://www.sangensha.co.jp/